羽毛球

运动理论与实践应用

YUMAOQIU YUNDONG LILUN YU SHIJIAN YINGYONG

王　强　编著

内蒙古科学技术出版社

图书在版编目（CIP）数据

羽毛球运动理论与实践应用 / 王强编著. — 赤峰：
内蒙古科学技术出版社，2016.12（2022.1重印）
ISBN 978-7-5380-2774-7

Ⅰ. ①羽… Ⅱ. ①王… Ⅲ. ①羽毛球运动 Ⅳ. ①G847

中国版本图书馆CIP数据核字（2016）第323104号

羽毛球运动理论与实践应用

编　　著：王　强
责任编辑：李渊博
封面设计：永　胜
出版发行：内蒙古科学技术出版社
地　　址：赤峰市红山区哈达街南一段4号
网　　址：www.nm-kj.cn
邮购电话：0476-5888903
排版制作：赤峰市阿金奈图文制作有限责任公司
印　　刷：三河市华东印刷有限公司
字　　数：210千
开　　本：787mm×1092mm　　1/16
印　　张：10.875
版　　次：2016年12月第1版
印　　次：2022年1月第3次印刷
书　　号：ISBN 978-7-5380-2774-7
定　　价：58.00元

前　言

随着羽毛球运动在中国的不断发展，关注和参与羽毛球运动的人越来越多，这无疑是中国羽毛球运动发展的基础。自从中国羽毛球队在2008年北京奥运上取得好成绩后，在2012年伦敦奥运会上又包揽了羽毛球项目中的所有金牌，创造了中国羽毛球史上的一段辉煌历程，然而，2016年里约奥运会也让我们看到了其他国家羽毛球技术水平的快速发展，可以说随着世界羽坛不断革新，我国也即将迎来羽毛球运动新的发展时期。

本书结合教学大纲和作者多年从事羽毛球教学与训练的经历，以及在科研学习方面积累的一些相关知识，经过资料汇总、收集文献、总结分析，最终撰写成稿。

全书共八章，第一章为羽毛球运动概述；第二章对羽毛球运动击球的基本原理作了系统、全面的介绍；第三章为羽毛球运动的基本技术类型作了详尽、准确的介绍；第四章和第五章对羽毛球运动的技术要点和训练的战术进行了详细的分析和阐述；第六章介绍了核心力量训练对羽毛球训练的作用；第七章则详细介绍了羽毛球运动中损伤的原因、预防及治疗；第八章介绍了羽毛球运动的规则与裁判知识，以及"三对三"竞赛和挑战鹰眼等方面内容。

本书从理论与实践两个方面对羽毛球运动进行了全面而深入的分析和阐述，具有知识点系统全面、语言通俗易懂、结构清晰明了等特点，集科学性、系统性、实用性为一体，希望能为人们了解羽毛球运动、学习羽毛球技术提供积极的指导。

在编写过程中，作者参阅了国内外诸多专著和资料，得到了多位专家、教练的倾心指导，以及同行们的大力支持和帮助，在此表示诚挚的感谢。

目　录

第一章　羽毛球运动概述 ……………………………………………………1

　　第一节　羽毛球运动的特点、价值与作用 ……………………………1

　　第二节　世界羽毛球运动的发展 ………………………………………5

　　第三节　我国羽毛球运动的发展 ………………………………………9

　　第四节　羽毛球运动对校园体育文化建设的影响 …………………12

第二章　羽毛球运动基本理论 ……………………………………………15

　　第一节　羽毛球常用术语 ……………………………………………15

　　第二节　击球力量 ……………………………………………………20

　　第三节　击球速度 ……………………………………………………21

　　第四节　击球弧线 ……………………………………………………22

　　第五节　击球落点 ……………………………………………………23

　　第六节　羽毛球击球质量因素 ………………………………………25

　　第七节　羽毛球技术结构 ……………………………………………26

第三章　羽毛球基本类型 …………………………………………………30

　　第一节　羽毛球类型打法的概念及分类 ……………………………30

　　第二节　羽毛球单打类型 ……………………………………………33

　　第三节　羽毛球双打类型 ……………………………………………35

第四章　羽毛球技术要点 …………………………………………………38

　　第一节　预判能力 ……………………………………………………38

　　第二节　步法能力 ……………………………………………………40

　　第三节　手法能力 ……………………………………………………45

第五章　羽毛球训练的战术分析 …………………………………………80

　　第一节　当前羽毛球战术形势及发展趋势 …………………………80

　　第二节　羽毛球战术与意识的关系 …………………………………82

　　第三节　羽毛球战术与技术的关系 …………………………………85

　　第四节　羽毛球战术与素质的关系 …………………………………89

第五节　羽毛球战术与心理的关系 ·· 90

第六节　羽毛球战术与项目的关系 ·· 91

第六章　核心力量训练在羽毛球训练中的作用 ························· 122

第一节　核心力量训练与羽毛球训练 ·· 122

第二节　核心力量训练对于羽毛球训练的关键作用 ···················· 123

第七章　羽毛球运动损伤 ·· 125

第一节　在羽毛球运动中容易发生的损伤及改善措施 ················ 125

第二节　发生较少的损伤种类及改善措施 ································· 128

第三节　羽毛球训练中肩关节损伤原因及治疗 ·························· 129

第四节　羽毛球训练中膝关节损伤原因及治疗 ·························· 131

第八章　羽毛球规则与裁判 ·· 134

第一节　羽毛球比赛规则 ·· 134

第二节　羽毛球竞赛规程 ·· 143

第三节　裁判人员的职责 ·· 151

第四节　羽毛球运动"三对三"竞赛方法和特点 ························ 163

第五节　挑战鹰眼 ··· 165

参考文献 ·· 167

第一章　羽毛球运动概述

第一节　羽毛球运动的特点、价值与作用

一、羽毛球运动的特点

羽毛球运动是一个相互进行击球对抗的球类体育运动项目，是一项在室内外均可进行的小型球类运动。此项运动所需场地适中、器材简便，是一项充满乐趣又能强身健体的大众化的体育活动，也是竞技性较强的比赛项目。由于所需的运动器材简便，不受场地限制，两把拍子一个球，无论有无球网，无论室内、室外，只要有一小块空地，就能进行活动和锻炼。无论是从事竞技性运动，还是一般性的大众健身活动，都需要在场上不停地移动跳跃、转体、挥拍击球。因此，青少年经常进行羽毛球运动，能促进生长发育，提高身体机能，培养不怕困难，不甘心落后，顽强的拼搏精神，从而达到提高身体素质和身心健康的目的。

（一）运动量可因人而定

运动量可根据个人的年龄、体质、运动水平和场地环境等因素而定。身体状况好的，运动量可适当加大，活动范围可为全场；身体状况不好的，可适当缩小活动范围，达到舒活筋骨从而增强心血管和神经系统的功能。青少年可作为促进生长发育、提高身体机能的有效手段进行锻炼，运动量宜为中强度，活动时间以 40~50 分钟为宜。老年人和体弱者可作为保健康复的方法进行锻炼，运动量宜较小，活动时间以 20~30 分钟为宜，达到出出汗、弯弯腰、舒展关节的目的，预防和治疗老年心血管和神经系统方面的疾病。儿童可作为活动性游戏的方式来进行锻炼，培养他们动手动脑的能力。还可以根据不同的年龄段来进行不同的运动训练时间和强度，从而达到因人而异的效果。

（二）具有简便性

羽毛球运动对场地的要求比较小，只需两个球拍、一个球和一条绳索即可。正规比赛场地面积仅65~80平方米，长度为13.40米，宽度为6米（双打）或5.18米（单打），而平时进行羽毛球活动只要有平整的空地就可以了。在微风的情况下，可以在户外进行活动，只要把球网架起来，就可以在一定的长度和宽度范围内来进行运动。低强度的羽毛球运动可作为恢复体力，缓解疲劳的有效手段。羽毛球运动是上下肢及腰腹肌肉都参与的运动项目，运动员在大运动量、高强度的训练或比赛后的恢复期内，可适当地进行低强度的羽毛球运动，这样不仅可以

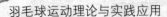

缓解疲劳，释放压力，而且也可以使身心得到休息，对恢复体力和缓解疲劳有很好的帮助。因此，它不仅可以在正规的室内运动场进行，也可以在公园、生活小区等场所开展。

（三）羽毛球运动是一个全方位的运动

羽毛球运动是一项能够让人眼明、手快，全身得到锻炼的体育项目。参与者在各自的半场击打对方任何位置的有效回球，要求在场地里不停地启动、移动、起跳、回位，手上不停地挥拍、杀球、放网、搓球等。还要求大脑对回球进行判断，心肺功能要强。要求具备较强的灵敏性和协调性。在一定的时间内，人的全身器官处于运动的机能下，要求全身的充分协调配合。

青少年进行羽毛球运动，能培养对体育的兴趣爱好，养成健康的生活习惯。一定强度的羽毛球运动，既能提高身体机能，促进身体健康成长，又能培养顽强的拼搏精神和优良的意志品质，是促进体能和智力发展的良好手段。

成人利用工作空余时间进行羽毛球运动，不但能加快身体的新陈代谢，保持匀称的体形，还能缓解生活压力，提高工作效率。

老年人和体弱者从事羽毛球运动时应放慢运动节奏，进行一些活动量较小的击球动作，达到舒展筋骨的目的。参加羽毛球运动能促进血液循环，长期锻炼能保持脑部、眼睛、上下肢体的协调性和敏捷性，有利于身心愉快，延年益寿。

（四）羽毛球运动易于推广

羽毛球运动在我国具有广泛的群众基础，普及程度很高，对于推动全民健身运动的发展起到了积极的促进作用。把羽毛球作为强身健体的运动项目，已经被越来越多的人所认可，这与该运动项目的特点有关。它集体育运动与娱乐为一身，技术变化万千，战术变幻莫测，锻炼者从中可享受到许多乐趣。由于羽毛球后场击球时需要击球者不断地抬头，身体后仰，有助颈椎的伸展，对于长期在室内工作的人来说是一项首选的运动项目。

在运动中，通过身体的移动、跳跃、转体和挥拍，运用各种击球技术和步法在场上往返对击，能够有效地增大上下肢和腰腹肌的力量，加快全身血液循环，增强心血管系统和呼吸系统的功能，长期进行羽毛球锻炼，能使心跳强而有力，肺活量加大，耐力提高。中老年人从事该项运动能很好地预防心血管功能疾病，提高免疫力。

羽毛球运动比赛的主要特点在于动作反应敏捷。参与者需要对变幻莫测的现场情况做出准确的判断与估计，迅速采取措施，改变自己的动作方向或节奏感，甚至改变技、战术组合以回应对方打来的各种球。因此，在比赛条件下，运动员的注意力非常集中，精神高度紧张，这对中枢神经系统调节运动性机能的能力有着良好的训练作用。同时，大脑皮质神经的均衡性和灵活性也会得到提高。

二、羽毛球运动的价值

（一）有利于树立终身体育思想

终身体育思想是新时代的产物，是时代发展的需求。羽毛球球运动是树立终身体育思想，实现体育健康目标的重要项目之一。由于羽毛球运动的规律、技能特点及锻炼价值，已吸引了广大群众参与锻炼。任何一个体育项目，只有建立在练习者主动地、自发地基础上，才能投入热情和积极性，才能坚持锻炼。在现实社会中人们的交流越来越单一，通过羽毛球运动，让人们认识了许多的朋友，让人们之间有了更多的帮助和交流，同时促进了社会的和谐发展。

（二）有利于开发智力

智力素质在羽毛球运动中尤为重要。众所周知，智力是观察力、记忆力、形象思维与抽象思维能力、分析问题与解决问题能力的综合体现。在羽毛球运动的对抗中，每一个瞬间的击球动作，都将引起对方的高度重视，就是一点细微变化，也逃脱不了对手的眼帘。譬如在接发球时，必须精细观察对手的挥拍方向，摩擦球的部位、角度、力度、速度等方面，将所有信息快速传递给大脑皮质，经过迅速加工处理，才能判断和预测来球的速度、力量、旋转与落点，这一系列的观察和形象思维，在极短的时间内完成，然后采取接球的对策，做出适应性反应。假如，在接球时未能看清对手击球动作，很可能就会造成直接失误或间接失误。因此，要求练习者具有细微的观察力、准确地判断力、敏捷地行动能力，如果在每一次练习中，都能注意观察，迅速反应，久而久之，无疑对开发智力大有裨益。

（三）运动的安全性强

运动损伤是制约运动寿命的主要因素之一，羽毛球运动属于隔网对抗的球类运动，场地中间横立一网，分隔成为对抗双方的场区，没有直接的身体对抗和碰撞。比较其他项目，它的运动安全系数明显要高，只要在运动前把热身活动充分做开，掌握正确的动作要领，在该项运动中就可大大降低受伤的概率。早期羽毛球运动被认为是一项贵族运动，这是与它的运动安全有保障是分不开的，所以人们把打羽毛球作为一种时尚。根据自己的要求来变换击球动作、击球的力量和击球的节奏，从而达到锻炼身体，修身养性，延年益寿的功效。根据自己的节奏和身体状况来选择击球方式也可以减少受伤。

三、羽毛球运动的健身作用

（一）有增强体质的功能

羽毛球运动可以全面增强人的体质。羽毛球运动时练习者上下肢都参与的运动，练习者在场上不停地来回奔跑击球，无论是前场、中场或是后场的快速移动击球，以及中后场的大力扣杀、起跳扣杀，被动时的扑救球以及双打时不停地换位等都需要练习者有较好的力量、速度、耐力、灵敏性、柔韧性及快速的反应能力等素质。另外，经常从事羽毛球运动还可以提高人们身体的灵活性和上下肢协调配合的能力，改善呼吸系统和心血管系统的功能，提高有氧和无氧功能的能力，调节神经系统并提高其抗乳酸的能力，而且能起到增进健康、调节精神、抗病防衰的作用。

（二）培养意志品质的功能

在羽毛球运动中，由于其竞争性、对抗性等诸多因素的要求，使参与者的意志品质在该项运动中占有非常重要的地位。参与者在比赛中做到每球必争，在场上不停地来回移动救球，那么靠什么让参与者那么去拼呢？就要靠顽强的意志品质和坚定的信念。这对参与者的身体要求很高，在运动的开始阶段，由于人体固有的特点，使其各项系统的协调配合能力达不到运动的需求，参与者容易出现喘不上气、身体无力、眼发黑等症状，即"极点"现象。这时就要求参与者要有顽强的意志品质去克服这一困难，及时调整到最佳状态，以便更好地投入到比赛中去。

（三）提高心理素质、陶冶心理

羽毛球运动还可以陶冶人的心境，使得参与者释放压力，获得良好的心态。羽毛球运动是一项要求技术犀利的运动，对技术的要求很高。这就要求参与者要有良好的观察和反应能力，并能做出正确的行动指令。在领先的时候把握机会取得比赛的胜利，在落后的时候不放弃，要一分一分地拼下去，即使是输了也能开心的面对。比赛的紧张，竞争的激烈，都可以使参与者的心理素质得到很好的锻炼。羽毛球活动还包括对对方战术意图的揣摩，对各种战机的把握，对自己运用什么战术的选择等因素，因此经常从事该项运动可以使人思维敏捷。同时，在竞争中强化进取精神，使人的智、勇、技在竞争与对抗中得到升华。经此磨炼之后，使得自己能够做到临危不乱，不仅能在羽毛球活动中应付自如，而且能以良好的心态去面对自己的事业和生活。

（四）有利于结交友谊

运动是联结友谊最好的纽带。羽毛球可作为一种交流、交友的手段，以球会友，交流球技，增进友谊。在运动场上两个人充分发挥自己的水平，斗智斗勇，都是想着能够拿下比赛，在比赛场上处于紧张激烈的运动状态下。然而在比赛以后两个人能在一起相互讨论学习，能一起为共同的提高提出好的建议。羽毛球运动既能使人们锻炼身体，又是人们社会生活的一种特殊的交流载体。

（五）娱乐性和观赏性

羽毛球运动本身就是一种很好的娱乐活动，每一次大力扣杀得分，每一次为接球不停地奔跑都是一种付出。每回合的较量都是一种享受，作为运动本身就是一种享受。在观看比赛的时候，观众的心情会投入到赛场中，使自己融入比赛，感受比赛。欣赏羽毛球比赛总能让观众产生一种强烈的移情作用，使人精神上得到满足与升华，获胜时的欢呼雀跃，失败后的沮丧与忍耐，优美、高超的技术和默契的战术配合，以及运动员在比赛中的超水平的发挥，都能使观众赏心悦目并激发起高昂的情绪。比如，有的运动员在连续的大力扣杀进攻却毫无建树的情况下，突然一个轻吊网前，球过网后应声落下，使对手措手不及，这样以最省力的方式获得胜利，往往会让观众拍案叫绝。这些能给参与者和观众带来美感，同时也给我们更多的欢乐。

第二节　世界羽毛球运动的发展

羽毛球运动的起源众说纷纭，一直以来存在诸多说法。

一、源于日本

相传羽毛球最早出现于14—15世纪时的日本。球拍是木制的，球是用樱桃核插上羽毛制成的。由于球托是樱桃核，太重，球飞行速度太快，使得羽毛极易损坏，加之球的造价太高，所以该项运动时兴了一阵子就慢慢消失了。

二、出现在印度

大约至18世纪，印度的浦那出现了一种与早年日本的羽毛球极相似的游戏，球是用直径约6厘米的圆形硬纸板，中间插羽毛制成，球拍是木质的，玩法是两人相对站着，手执球拍来回击球。

三、诞生在英国

现代羽毛球运动诞生于英国，时间大约在1800年，由网球派生而来。我们可以注意到现今的羽毛球场地和网球场地非常相似。1870年，出现了用羽毛、软木做的球和穿弦的球拍。1873年，英国公爵鲍弗特在格拉斯哥郡伯明顿的庄园里进行了一次羽毛球游戏表演。从此，羽毛球运动便逐渐开展起来，"伯明顿"即成了羽毛球的名字，英文"Badminton"。那时的活动场地是葫芦形，直至1901年改做长方形。

1875年，世界上第一部羽毛球比赛规则出现于印度的浦那。三年后，英国又制定了更趋完善和统一的规则，当时制定的规则不少内容至今仍无太大的改变。

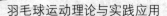

1893年，世界上最早的羽毛球协会在英国成立，并于1899年举办了首届全英羽毛球锦标赛。

1934年，由加拿大、丹麦、英国、法国、荷兰、新西兰等国发起成立了国际羽毛球联合会，总部设在伦敦。从此，羽毛球国际比赛日渐增多。

1934—1947年，丹麦、美国、英国、加拿大等欧美选手称雄于国际羽坛。

1948—1949年举行的首届世界男子羽毛球团体锦标赛——"汤姆斯"杯赛中，马来西亚队荣获冠军，从而开辟了亚洲人称雄国际羽坛的时代。

1948—1979年间的11届汤姆斯杯赛中，印度尼西亚队夺得7次冠军，马来西亚队夺得4次冠军。

1956年，世界女子羽毛球团体锦标赛——"尤伯杯"赛开始举办，前3届冠军均被美国人夺得。

20世纪60年代前期，中国队后来居上，形成了多种快速进攻的类型打法，尽管当时欧亚展开了激烈的竞争，但我国羽毛球运动员却无法参加国际羽毛球大赛（因为没有加入国际羽联）。

20世纪60年代，我国羽毛球队创造的"快、狠、准、变、活"的技术风格开创了这一时期以"快攻打法创造主动"的新局面。1963—1964年两度打败世界冠军印度尼西亚队，1965年战胜北欧诸强，被誉为"无冕之王"（因当时我国未加入国际羽联，不能参加世界性锦标赛）。

从20世纪60年代后期起，优势转移到了亚洲，日本和印度尼西亚队几乎包揽了历届国际赛事的冠亚军。

1965年，我国羽毛球队在快速进攻打法的基础上，技术水平大幅度提高，在当年出访北欧时取得了较好的战绩。

1966年，我国羽毛球队迎战世界亚军丹麦队，在该场比赛中，我国选手就是采用了这种快速进攻的打法，使对手处于被动，无法施展他们的技术打法特点。中国的快速进攻打法是国际羽坛上的首创，为羽毛球运动快速发展起到了巨大的推动作用。

在我国快速进攻打法的影响下，印度尼西亚队首先吸收了该打法的特点，并且积极培养该种技术打法的后备人才，在20世纪60年代的中后期，出现了一些快速进攻打法的世界级选手。

20世纪70年代以来，男子羽毛球技术处于世界领先地位的是印度尼西亚队和中国队。印度尼西亚羽毛球队涌现出了诸如林水镜等顶尖选手，后场双脚起跳扣杀——是他的技术特点。他在1978年、1979年两度夺得全英羽毛球公开赛冠军。印度尼西亚队也着重发展不同类型打法的运动员，注重百花齐放，如印度尼西亚羽毛球队运动员多采用平高球、平快球压底线结合近网吊球的拉、吊结合突击的打法，这些快速进攻类型打法的继承与发展使印度尼西亚队在这一段时期里主宰了国际羽坛。因此，快速进攻的类型打法是占主导的先进技术类型。

20世纪70年代，欧洲选手意识到自己在羽毛球技战术方面的落后，认识到仅仅依靠技术全面、控制落点的类型打法已经落伍，为了赶上羽毛球运动技术发展的潮流，他们在自己原有技术类型打法的基础上，注重向中国队和印度尼西亚队学习，学习亚洲球队快速进攻类型打法的优点，从而在该时期对印度尼西亚队构成了巨大的威胁。如丹麦队考普斯运用了网前假动作，以此破坏对方进攻节奏，又加强了拉、吊技术的进攻性，尤其是在继承了积极快速进攻的基础上发展了重力扣杀、突击扣杀等技术，使其从1960年夺回全英公开赛冠军开始，将这一夺冠纪录保持了长达7年之久。在以后的日子里，丹麦羽毛球队又涌现出了普里和菲明道夫，二人分别在1975年和1977年击败梁海量获得全英羽毛球公开赛冠军。

20世纪70年代后期，日本、韩国、巴基斯坦、泰国、马来西亚等国家和地区的羽毛球技术也有了长足的进步，在国际比赛中取得了较好的成绩。欧洲的丹麦、英国、瑞典等国在发挥原有特点的基础上，广泛吸取了亚洲球队的技术和经验，技术水平稳步提高，至今仍不失为羽坛劲旅。在羽毛球女子方面，可以说是中国、印度尼西亚、日本三强鼎立。1982年，中国队首次参加全英锦标赛，就获得了女子单打冠亚军和双打冠军。中国、印度尼西亚继续保持领先，韩国女队迎头赶上，是近年来中国队、印度尼西亚队的主要对手。

1978年2月，世界羽毛球联合会于香港成立。

20世纪80年代，世界羽毛球的发展趋势主要是以压底线为主，在此基础上发挥运动员各自的特点。以中国选手杨阳和赵剑华为这一时期的代表人物，前者是快速调动为主的类型打法，后者是扣杀、上网结合的类型打法。他们的共同特点是：变速突击能力非常强，后场两边线起跳突击下压和上网组织进攻给对手造成了巨大的威胁。总的来说，20世纪80年代的技术发展变化不够突出。当时的世界羽坛格局仍然是欧亚对峙状态，以亚洲为代表的是中国队和印度尼西亚队，欧洲为代表的是丹麦队。

1981年5月，国际羽毛球联合会和世界羽毛球联合会正式合并。

1982年，中国队首次参加汤姆斯杯赛就荣获冠军，中国队的技术受到了世界羽坛的普遍赞扬。

20世纪90年代，男子羽毛球的优势地位重新转向印度尼西亚队，该队涌现出一大批高水平的选手，如魏仁芳、阿迪、佐戈、蔡祥林、阿尔比等选手，与他们同一时期水平接近的还有马来西亚的拉锡·西德克，中国的吴文凯以及丹麦的劳力森、拉尔森，瑞典的奥尔森等选手。羽毛球技术打法方面，这一时期主要强调变速突击的类型打法，世界优秀选手均采用该类型打法，既能攻善守，又强调控制与反控制。进攻技术方面更着重发展具有个人特色的凶狠、变速突击技术。注重击球时机、击球效果、击球落点与战术的变化是这一时期发展趋势的主要特点。

进入21世纪以后，世界羽坛的格局仍然是欧亚对峙局面，唯一不同的是亚洲已稍稍领先。

以亚洲为代表的类型打法——继续贯彻积极、快速、进攻的主导思想，配合技术全面，灵活多变，变速突击，拉吊、拉打结合的类型打法。

以欧洲为代表的类型打法——利用自己身高优势、强壮有力的身体特点，以从控制底线的类型打法转向强调积极进攻、融入亚洲类型打法的快速主动优点，突出发球抢攻，以下压控网的打法。

目前国际羽联已拥有一百多个会员国。国际羽联管辖的世界性赛事有：汤姆斯杯赛（世界男子团体锦标赛），从1948年开始，每3年举办一次；尤伯杯赛（世界女子团体锦标赛），从1956年开始，每3年举办一次；世界锦标赛（单项比赛），从1977年开始，每2年举办一次；全英锦标赛（非正式传统单项比赛），早在1899年就开始，每年举办一次。

世界羽毛球类型打法的演变已从慢速的"四方球"打法、"速度突变和强调进攻"的打法结合多种形式形成快速进攻的打法、"注重技术全面，以快速为前提，下压底线"的打法发展成为变速突击的打法。

在意识上，强调向前意识、高点意识、上手意识等意识的培养。

在发展趋势上，强调更加积极主动，技术全面，战术变化多样，特点突出的打法类型。

当今世界羽毛球打法种类很多，从技术流派或风格来说，主要有三种类型：

第一种：欧洲式。

强调重心稳、落点准，以稳、准为主。技术上讲究步法的条理性（一般运用小步结合大步，速度较慢）和回中心位置；打法是用高远球和网前放、挑球结合拉吊四角以调动对方，主动伺机扣杀。这种打法，击球力量大，落点准，反手颇具威力。近年来加强了速度，跑动趋向积极，打法也较以前更为积极主动。

第二种：亚洲式。

在稳、准的前提下强调快速进攻，技术特点是突出前臂和手腕的力量，脚下步法移动快（注意运用弹跳和蹬跨），挥拍动作小，注意鞭打的协调用力，击球点高，常用扣杀、快吊和劈杀等动作。上网快，网前多采用搓球（取代了欧洲式的网前放、挑球）和推平球，后场反手部位也多用头顶的杀、吊、击后场等技术击球。此种类型打法主要以印度尼西亚队运用得最为突出。

第三种：中国式。

特点是"快、狠、准、活",在技战术上表现为以我为主、以攻为主、以快为主,基本技术全面、熟练,特长突出,进攻点多,封网积极,劈杀凶狠,防守稳中有刁、守中有攻,能攻善守,力求"快、狠、准、活"的有效结合。

总括起来,世界羽毛球运动技术将朝着"更加积极主动,突出特点,技术全面,战术变化多样"的趋势发展。

第三节　我国羽毛球运动的发展

1918年,羽毛球运动传入我国,最早在上海出现,随后在广州、福建、北京、天津、大连、成都、武汉等大城市教会主办的青年会和学校开始出现。当时由于条件限制,没有举办过任何较大规模的比赛,只局限在游戏和启蒙阶段。

1949年,新中国成立后,羽毛球运动逐渐在全国各大、中城市开展起来,成为广大人民群众喜爱的体育项目,并逐步成为我国奥运体育战略中重点项目之一。半个多世纪以来,我国羽毛球运动发展的历程大致可分为游戏、启蒙、基础等阶段。

一、游戏阶段(1949—1953)

建国初期,羽毛球运动仅在上海、福建、广州、北京、天津、大连、成都、武汉等少数大城市的体育馆和校园里有所开展。参加人数寥寥无几,活动的宗旨和目的仅仅是为了娱乐、健身、游戏和交际,这一时期的羽毛球活动为今后羽毛球运动在我国的发展奠定了基础。

二、启蒙阶段(1954—1956)

1953年,是我国所有爱好羽毛球运动的人都值得纪念的一年。这一年在天津举行了首次全国规模的羽毛球比赛。比赛属于表演性质,对参赛者的服装、球拍及相应的器材等都没有严格的要求,技术水平较低,动作不规范,是一次集表演和游戏性质于一体的羽毛球赛事。

这一年夏天,印度尼西亚华侨羽毛球队回国观光游览,并与我国的羽毛球队进行了一场友谊表演赛。由于双方在技战术水平,以及对羽毛球理解上的差距极为悬殊,因此每局比赛多以我方失利而告终。但是,我国的羽毛球运动也就是在这一天真正从"零"开始。

1954年,王文教、陈福寿等四位华侨青年回国后,由他们发起组建了国家羽毛球队。他们引进了当时羽毛球强国印度尼西亚、马来西亚的先进技术,并通过全国各地的巡回表演、比赛、交流、讲座等形式进行先进技术的传播。从这时起,我国羽毛球技术真正走向了正规,彻底摆脱了以往羽毛球技术套用网球技术打法的传统,使羽毛球技术打法步入了正规、规范、先进的技术范畴。我国东南沿海省市（广东、福建等地）的羽毛球活动则是在归国华侨青年的积极倡导、组织、推动下得以广泛的开展。

1956年5月，首届全国羽毛球比赛在天津市举行。国家体育总局（原国家体委）还制定以后每年举行一次全国羽毛球锦标赛的制度，这一举措大大推动了群众性羽毛球运动的开展，并对羽毛球的普及、发展、提高产生了积极的影响。

1956年7月，我国羽毛球队首次迎来了世界劲旅印度尼西亚队的来访。该队在访华之前转战世界各地，在所进行的10场巡回表演赛中，十战全胜，取得了优异的成绩。我国羽毛球队在和印度尼西亚羽毛球队的较量中，找到了差距，看到了不足。印度尼西亚羽毛球队精湛的技术、战术，给我国广大羽毛球工作者和爱好者留下了极为深刻的印象，也为我们在今后的日子赶超印度尼西亚队奠定了基础。

三、基础阶段（1957—1959）

广东、福建、上海、江苏、天津、湖南、湖北等省市先后建立了羽毛球队。1957年上海风雨操场业余体校羽毛球班诞生，从此羽毛球训练进入了一个从少年儿童抓起的新时代，使羽毛球队伍有了后备基础。为了以较高的技战术水平迎接第一届全国运动会，各地安排了羽毛球队集训，在这样的形势推动下，各地的业余体校羽毛球队蓬勃发展起来，群众性的羽毛球活动也在各地迅速发展起来。从1956年开始，规定每年举行一次全国性羽毛球比赛。这些措施有力地推动了羽毛球运动在我国的发展。

1959年1月，在广州首次举行了全国青少年羽毛球锦标赛。同年9月，在北京举行了首届全运会羽毛球比赛，参加的有21个省、市、自治区代表队。在良好的环境下，羽毛球事业迅速发展，新选手大批涌现，技术大幅度提高。技术上加强了前后场的速度，改进了步法——改变以前的不规范、效率低的步法为规范的一步、两步、三步、三步半及前后场、左右场结合的步法。新步法的投入使用既节省了体能又提高了效能。

四、提高阶段（1960—1962）

第一届全运动会后，我国羽毛球教练员和运动员奋发图强，刻苦训练。其间，方凯祥、汤仙虎、侯加昌、陈玉娘等青年华侨相继回国，带回了国外的羽毛球先进技术和打法，为击败世界冠军队提供了基础。这个时期，广东队首先在步法训练上大胆改革，他们抓住步法的快速到位这一主要矛盾，采用了垫步加蹬跨步，以加快上网步法；在后退步法中运用蹬跳空中击球，以加快击球时间和提高击球点，从而使速度得到了提高。福建队则在手法训练上狠下工夫，突出了动作小、出手快、爆发力强的动作特点，发展了后场和前场的几项进攻技术，使击球质量和效果得到了提高。广东队在双打方面也初步形成快速封网、前、后场连续进攻的打法，使双打水平明显提高。广东队、福建队互相学习，互相促进，其他各队在学习广东、福建队先进经验的基础上，刻苦训练，百花齐放，初步形成了几种不同的流派和打法，使我国羽毛球技术水平出现了一个划时代的飞跃，摆脱了国际羽坛慢、稳、守打法的羁绊，在向快与攻相结合的发展方向上迈出了可喜的一步。

五、全盛阶段 (1963—1966)

1963年夏天，蜚声羽坛、蝉联汤姆斯杯的世界冠军印度尼西亚羽毛球队来华访问。经过交锋，不仅中国队、中国青年队取得了胜利，而且广东队、福建队也都尝到了胜利果实。

1964年夏，印度尼西亚羽毛球队在汤姆斯杯中击败丹麦队，再次蝉联世界冠军。他们挟誉而来，势在挽回上一年失利的局面。然而，中国队再一次以4∶1取胜（对抗赛）。

1964年7月，国家体委召开了第一次全国羽毛球训练工作会议，总结经验，肯定成绩，找出差距，明确提出了我国羽毛球"快、狠、准、活"的技术风格，规定了"以我为主、以快为主、以攻为主"的发展方向。

1965年10月，我国羽毛球队访问丹麦和瑞典。丹麦羽毛球队是欧洲冠军，也是汤姆斯杯的有力争夺者。访问丹麦中国队出战24场，访问瑞典中国队出战10场，均获全胜。中国队快速进攻的打法，使世界羽坛大为震动，特别是汤仙虎在丹麦有一局以15∶0轻取六度获得全英锦标赛男单冠军的科普斯，至今仍传为佳话。这一时期是我国羽毛球运动员在世界羽坛的全盛时期。

在这一阶段，我国羽毛球运动员在技术上发展了快吊、劈杀、网前搓球等技术，强调出手快、击球点高的要求。同时发展了后场高、吊、杀和网前搓、推、勾动作的一致性，并提倡中后场腾空跳起击球技术。在以"快"与"攻"为主的思想指导下，出现了不同打法与流派的竞相媲美。在双打上也发展了快速推压后场、积极控制网前等打法。

六、停滞阶段 (1966—1976)

1966年下半年以后，我国羽毛球运动员的训练未能正常进行，身体素质和技术水平有所下降，出现了青黄不接的现象。

七、前进阶段 (1977—1986)

1981年5月，国际羽联与世界羽联宣告联合，同时恢复我国在国际羽联的合法席位，实现了我国运动员二十多年来的夙愿——逐鹿国际羽坛，争夺世界桂冠。

1981年7月,在美国加利福尼亚举行的第一届世界运动会上,羽毛球第一次被世界性运动会列为正式比赛项目。有14个国家和地区的羽坛劲旅参加了五个单项的激烈争夺。我国健儿夺得男单、女单、男双、女双四项桂冠。

1982年3月和5月,我国羽毛球健儿又在全英锦标赛和汤姆斯杯锦标赛中再创辉煌。在全英赛中获女单、女双的冠亚军;在汤姆斯杯决赛中,顽强拼搏,反败为胜,以5∶4勇克获得七次冠军的印度尼西亚队。

1985年在全英锦标赛和第4届世界羽毛球锦标赛中,我国羽毛球健儿夺得了男单、女单、女双的3项冠军,总成绩高居榜首。

1986年5月,在雅加达举行的第14届汤姆斯杯和第11届尤伯杯赛中,我国男、女羽毛球队双双捧杯,揭开了中国羽坛史上新的篇章。

八、领先阶段(1986—现在)

20世纪90年代以来,我国羽毛球队由于老队员纷纷退役,年轻队员各方面又不够成熟,所以一度落入低谷。但这种情况只持续了短短几年,在1995年世界羽毛球男女混合团体赛及单项赛中再次夺得冠军,使中国队走出了低谷。1996年美国亚特兰大奥运会羽毛球比赛中,中国女子双打选手葛菲、顾俊获得冠军,实现中国羽毛球奥运会"零"的突破。随后的2000年和2004年两届奥运会中,中国羽毛球队获得7枚金牌,并在2008年北京奥运会上取得了优异的成绩;在2012年伦敦奥运会上,中国羽毛球队包揽的所有项目的金牌,向世界宣告了中国羽毛球回归到霸主地位。在2016年的里约奥运会中,中国羽毛球队整体成绩下滑,仅获得了两枚金牌。

第四节　羽毛球运动对校园体育文化建设的影响

校园体育文化工程的建设是需要多样化发展和不断充实新鲜内容的一项工程。要建设有特色的校园体育文化就应当采取树立正确的体育精神和观念,普及体育知识,开展体育竞赛,加强体育教学,增加体育场馆设施等措施。羽毛球运动在我国一直是非常受欢迎的体育运动项目,而且这项运动是我国传统的优势项目。通过参加羽毛球运动不仅可以使人的精神焕发、身体灵活,而且在校园文化建设中起到培养学生自强不息、奋勇拼搏、自信乐观等积极向上的精神和品质,在丰富校园文化的同时,对构建和谐校园也具有深远的意义。

一、羽毛球运动的文化特点及锻炼价值

羽毛球运动是一项深受人们喜欢的球类运动。它的运动器材简单易携带,对运动场地也没有限制,无论室内还是室外都可以进行。

（一）羽毛球运动的文化特点

1. 自我娱乐的特点

在羽毛球运动中一直都充满了乐趣,学生在击中球时便会有一种成就感,为自己努力击中的球而感到无比的愉悦。击球的方式和角度是多种多样,每当自我发掘一种新的姿态和展示自我技能时,那种体现自我价值的成就感就会油然而生,使学生能够重视自我,积极向上,保持良好的精神状态和健康体质。

2. 视觉美感的特点

在羽毛球运动过程中,由于击球方式的多样性,所以具有较高的视觉观赏价值。击球时的身体曲线,击出球的弧度等直观印象都会给人以美轮美奂的视觉冲击,让观赏比赛的人也同样沉醉其中。

3. 陶冶人的心情

体育运动比赛的宗旨都是"友谊第一,比赛第二",就是让学生游戏于其中,以娱乐的精神为主,能够有效提高学生的心理素质,使其学会处乱不惊,保持良好的心态,树立正确的人生观和价值观,有利于学生身心健康的发展,为将来面向社会打下良好的基础[1]。

（二）校园羽毛球运动的价值

1. 增强体质的价值

羽毛球运动是一项运动量较强的运动,较强的运动量可以调节身体平衡,促进新陈代谢,舒筋活血,对于强身健体益处较大。不仅如此,羽毛球的运动也可活动身体骨骼,经常参加这项运动的人都会感到身体变得更加强健和灵敏。

2. 预防疾病的价值

生命在于运动。在课程结束后,尤其是长期久坐的学生,坚持参加羽毛球运动可以有效降低颈椎病和骨质增生的发病率。

3. 锻炼眼力和缓解学习疲劳的价值

击球时,眼睛会一直随着不停运动着的球而自然运动,从而能达到缓解眼部疲劳,提高视力的作用。眼睛在运动的同时,大脑也在不停地思考,思考如何击球赢得分数,通过打球可使精神愉悦,缓解身体疲劳,充沛精力。

4. 团体精神和交友的价值

羽毛球运动有单打和双打两种方式。双打就要靠两个人的默契,培养学生的团队意识精神,这对集体生活的大学生十分重要。通过打球和比赛也可以结识许多朋友,打球的过程也是同学相互了解的过程。

二、校园体育文化的内涵

校园体育文化是社会主义精神文明在学校的一种体现,是学生文明素质、道德修养的综合反映,也是一所学校独特的精神面貌。校园体育文化是指在学校这种特定的环境下,以学生为主体,教师为主导,以校园精神为特征的一种群体文化。它对提高学生的自主性、积极性、创造性和促进教育改革的深入发展具有重要的地位。多姿多彩的校园体育文化在挖掘学生的潜能、开发智力、提升技能等方面发挥着重要的作用。校园体育文化的发展,营造了体育教学的氛围,增添了学校的活力,使学生在校园的生活更加丰富多彩,从而提升了学生在校的生活质量。校园体育文化是校园文化的一项重要组成部分,在学生参与其中的过程中,对他们的文化认知产生了深刻的影响。校园运动会是校园体育文化的主要活动形式之一,通过学生间的比赛,在校园内营造出团结向上、努力拼搏、永不言败和健康文明的校园体育文化氛围。

三、羽毛球运动影响下校园体育文化的发展

校园体育文化的物质层面包括校园内各种体育运动场地设施、运动器材和各种体育文化宣传栏等,具有直观性强和体验性强的特点。休闲羽毛球运动对场地并没有严格的要求,在学校操场一个角落空地就可以进行羽毛球运动;在器材上更是简便易携,一副球拍和一个球就足够了。对于羽毛球运动在校内的宣传最是简单,从它容易接受和较强的娱乐性方面就足以吸引广大师生参与,从羽毛球运动的健身与美感等优点上不难看出它更符合校园体育的时代特点[4]。从校园体育精神层面来讲,学生通过羽毛球运动,调动了学生参与体育活动的积极性,提高学生的综合素质,强化学生的进取精神,同时培养了学生对体育文化和校园文化的认识[5]。羽毛球运动不仅符合了现代社会的发展需要,为学校培养全面发展人才起到了辅助作用,同时在校园体育文化建设上具有重要和深远的影响。

羽毛球运动在丰富的校园文化生活中起到了非常重要的作用。在实践中不仅丰富了学生的课外生活,陶冶了情感,更加强了学生对校园体育文化建设的认识。羽毛球运动是我国的传统优势项目,应该在校园内得以发扬,对增强学生体质和弘扬体育精神起到了不可替代的作用,随着校园羽毛球运动不断的深入开展,一定会带来校园体育文化的创新发展。

第二章　羽毛球运动基本理论

第一节　羽毛球常用术语

一、羽毛球场地

（一）羽毛球场地标准

1. 场地长13.40米。

2. 场地宽：双打宽6.10米；单打宽5.18米。

（二）羽毛球网

场地中央被球网（两边网柱高1.55米，中间网高1.524米）平均分开呈长方形场地，如图2-1所示。

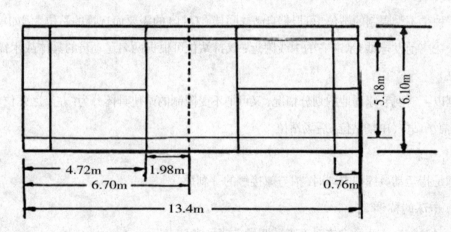

图2-1　羽毛球场地标准

（三）场区

1. 左、右半区。横向被中线平分为左、右两个半区。

2. 前、中、后场区。

（1）纵向被分为前场、中场、后场。

（2）前场是指从发球线到球网之间的一片场地。

（3）后场是指从端线到双打后发球线之间的一片场地。

（4）中场是指前发球线与双打后发球线之间的一片场地，如图2-2所示。

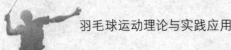

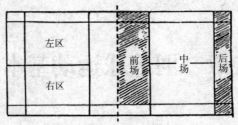

图2-2　羽毛球场区域划分

二、站位与击球

（一）站位

运动员站在羽毛球场上的位置。

（二）站位的种类

站位有两种情况：

一种是受限制的站位。如发球、接发球时，运动员的站位就必须按要求站在规定的区域内（左半区或右半区）。

另一种是不受限制的站位，可根据自己或同伴（双打）的需要而选择的站位。例如单打的站位一般在离前发球线1米左右的中线附近；双打站位可根据两名运动员的具体战术需要而选择站位。

根据以上对羽毛球场地的划分情况，又可把不受限制的站位具体分为：左半区站位、右半区站位、前场站位、中场站位、后场站位。

（三）击球

击球是指运动员挥拍击球时，拍与球接触的一刹那。

（四）击球的称谓

1. 运动员站在左半区迎击对方来球叫做左半区击球。

2. 运动员站在右半区的击球叫做右半区击球。

3. 站在前场、中场、后场的击球，则分别叫做前场击球、中场击球、后场击球。

除此之外，根据来球高度的不同，又可分为上手击球（高于肩部的来球，击球点在肩部以上）和下手击球（击球点低于肩部）。

三、持拍手与非持拍手

（一）持拍手

持拍手是指正握着球拍的手。

（二）非持拍手

非持拍手是指没有握拍的手。

四、技术称谓

在羽毛球运动中，我们经常使用的有正手技术、反手技术、正手发球、反手发球等术语。

（一）正手技术

正手技术是指握拍手同侧的技术。

（二）反手技术

反手技术是指握拍手异侧的技术。

（三）正手发球技术

是指由正手技术派生出来的发球技术，当采用正手发球时就称为正手发球技术。右手握拍的运动员，在击打右侧球时所使用的技术就称为正手技术，并由此派生出正手发球技术、正手击球技术等技术名称。

（四）反手发球技术

是指由反手技术派生出来的发球技术，当采用反手发球时就称为反手发球技术。

在羽毛球运动中，非持拍手的功能主要是在发球时用来持球、抛球；在击球过程中用来维持身体平衡，以便更有效地击球。

五、击球的基本线路

（一）击球线路

所谓击球线路是指球被运动员击出后在空中运行的轨迹和场地之间的关系。

羽毛球运动员击球线路类别繁杂，不可胜数，这里我们只研究决定羽毛球线路规律的几条基本线路。

我们仅以运动员（右手持拍）正手击出的三条球路来分析球的路线名称。第一条从自己的右方打到对方的左方（线路与边线平行）可称为直线；第二条从自己的右方打到对方的右方（线路与边线有较大的角度）可称为对角线；第三条打到对方的中线（击球线路与边线有较小的角度）可称为中路，如图2-3所示。同理，反手后场（中场、前场）的五条基本击球线路，亦可这样称呼。在具体称呼时，可与正手、反手结合在一块，如正手直线、正手中路、正手对角线、反手对角线等。若在中线击球时，打到对方场区的左方为左方斜线，打到对方场区的右方为右方斜线，打到中间为中路球。

在对羽毛球线路的称呼上应注意如下问题：首先要看击球点和球的落点靠近哪里，击球点靠近右边线,而落点靠近中线,都称为正手中路球。其次,要根据击球时所用的技术名称,如反手搓球,可称为反手搓直线、反手搓中路球等。

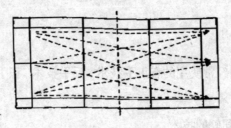

图2-3　击球线路

(二)羽毛球基本击球线路

1. 左方直线。

2. 中路直线。

3. 右方直线。

4. 右方斜线(右方对角线)。

5. 左方斜线(左方对角线)。

根据击球运动员站位的不同(左、中、右),每个位置又可分别击出直线、中路、斜线,因此又可派生出多条击球线路。羽毛球的击球线路之多,不胜枚举,但其基本线路就几条,只要我们掌握了其规律,对我们的训练和比赛都是大有益处的。

六、拍形角度与拍面方向

(一)拍形角度

拍形角度是指球拍面与地面所成的角度。

(二)拍形角度的种类

拍形角度可分为七种:①拍面向下;②拍面稍前倾;③拍面前倾;④拍面垂直;⑤拍面后仰;⑥拍面稍后仰;⑦拍面向上。

(三)拍面方向

拍面方向是指球拍的拍面所朝向的方向。

(四)拍面方向的种类

拍面方向可分为三种:拍面朝左、拍面朝右、拍面朝前。

拍形角度和拍面方向控制的好坏对击球质量的影响是非常大的,所以我们必须在每一次击球中都要认真调整好拍形、拍面,击出合乎质量要求的球。

七、击球点

（一）击球点的概念

所谓击球点是运动员击球时球拍与球相接触时的时间和空间位置。

（二）击球点的内容

击球点包括三个方面的内容：①拍和球的接触点距地面的高度；②接触点距身体的前后距离；③接触点距身体的左右距离。

击球点的选择是否准确，决定击球质量的好坏，将直接影响运动员击球的力量、速度、弧线和落点，最终将影响运动员击球的命中率，造成失分。因此，选择合适的击球点至关重要。选择击球点应做到以下两点：第一，判断要准；第二，步法移动要到位（步法要快）。只有做到了这两点才能确保调整到最佳位置，击球点才有保障。

八、选手的击球方式

1. 正拍击球。用掌心一边的拍面击球称为正拍击球。

2. 反拍击球。用手背一边的拍面击球称为反拍击球。

3. 头顶击球。用正拍拍面击打反手区的上手球称为头顶击球。

4. 体侧击球。来球位于选手的正手位或反手位的体侧进行击球称为体侧击球。

5. 上手击球。击球点在选手肩部以上的击球称为上手击球。

6. 下手击球。击球点在选手肩部以下的击球称为下手击球。

7. 高点击球。击球点在选手所能触及最高点的击球称为高点击球。

九、球的飞行方式

1. 高远球是指选手从本方的后场以很高弧线曲度击球到对方场地的后场位置。

2. 平高球是指选手从本方的后场以较平的弧线曲度（该弧线的适宜曲度为让对方在球飞行到后场之前不为对方所拦截）击球到对方后场位置。

3. 平快球是指选手从本方的后场以较平的弧线曲度且以较快的飞行速度击球到对方后场位置。

4. 吊球是指选手击回的网前球就像把球"悬吊"过网一样，故称为吊球。它是选手从场地一边的后场以向下的飞行弧线曲度击到对方近网场区的位置。

5. 扣杀球是指选手从本方的中后场使球以向下的、较平的飞行弧线曲度快速飞行到对方场区的位置。

6. 平抽球是选手在还击身体两侧或近身击球点的来球时所采用的一种技术,且挥拍动作幅度较大。使球以与地面平行或向下(或略向上)飞行的弧线击球到对方场区的位置。

7. 平挡球是选手在还击身体两侧或近身击球点的来球时所采用的一种技术,且挥拍动作幅度较小。使球以与地面平行或向下(或略向上)飞行的弧线击球到对方场区的位置。

8. 挑高球是指选手把球从前场或中场在低于球网处向上以较高的弧线曲度击球到对方后场的位置。

9. 推球是指选手把对方击来的网前球以低平的弧线曲度,击球到对方后场区的位置。

10. 网前球。是指选手把球从本方网前还击到对方网前较近的区域位置。

11. 搓球是指选手用拍面切击球后,使球带有旋转和翻滚飞行到对方网前贴网的区域位置。

12. 勾球是指选手在网前使球以对角线运行方式击球到对方网前贴网的区域位置。

13. 扑球是指选手在近网高处把球以快速、直线向下的弧线曲度击球到对方区域位置。

第二节　击球力量

一、力量的概念

击球的力量是指运动员用球拍击球时球拍对球的作用力大小。

在羽毛球运动中,击球力量的大小将直接影响击球的质量。较大的击球力量将使对手没有充分的时间判断来球,即使判断正确,也可能由于没有时间移动步法而造成回球失误。击球力量的大小,主要体现在球的运行速度上。牛顿第二定律得知:物体运行的加速度与它所受的外力成正比,与它的质量成反比。因此,增加羽毛球击球力量的原理是增加击球的加速度(挥拍的加速度),而增加加速度的方法又是通过增加挥拍的即时速度而获得。

二、增加击球力量的方法

(一)增加挥拍的加速距离

加速距离较长,球拍具有的能量就大,击球时传给球的能量也越大。

(二)击球时要靠身体各部的协调配合

仅靠前臂、手腕将球拍快速挥动存在一定困难,因此必须依靠腰、腿、上臂、前臂、手腕、手指等多种力量,既有局部肌肉本身的发力,也有其他部位肌肉发力传导过来的动量,最后汇聚到一起共同完成快速的挥拍动作。

(三)击球前身体各部位要放松

使身体各部肌肉尤其是主动肌放松,并得到充分的拉长,挥拍亦要放松,在击球时再握紧球拍,这样不仅能发力击球,而且还不易疲劳。

（四）选择合适的击球点

击球点选择得好,能使动作得以充分完成,只有动作完成才能做出正确的击球技术,正确的击球动作是充分发挥击球力量的保证。

（五）提高运动员的力量素质

主要是提高指、腕、前臂、上臂、腰部、下肢等部位的力量。身体部位力量的提高,应侧重于爆发力,这是提高击球力量最根本的条件。

第三节　击球速度

一、球的速度

球的速度是指球被球拍击出后在空中飞行的快慢,以及球被球拍击出后落到对方场区所需时间的长短。

由此我们可以看出,羽毛球的速度概念不完全等同于公式 $V = s/t$ 所表示的含义,而有其本身独特的内容。我们所指球的速度包括两个含义:一个是指球本身飞行的速度,我们且称之为"绝对速度";另一个是指运动员将球击到对方场地所需的时间长短,我们且称之为"间接速度"。"绝对速度"的提高很好理解,只要运动员给予球的作用力大,球的飞行速度就快。而提高"间接速度"的决定因素则较多且复杂。

二、球速的决定因素

1. 取决于对方击球的位置和击球的方式。

2. 取决于我方击球所采用的方式和击球时间,击球力量的大小、弧线的高低、落点的远近。例如,对方使用网前球技术,我方是在下降前期击球,还是在下降后期击球;是采用扑球技术,还是采用推球或者采用挑高球;是打在对方的前场,还是打在对方的后场或者中场,等等,以上因素都决定着回球的速度。总而言之,"快"是羽毛球技术的关键。球的速度快,就能调动对方、限制对方、打击对方,直至夺取最后胜利。因此,研究球的速度,提高球的速度,不仅是技术问题,而且是战术和战略问题。

三、提高球速的方法

那么,怎样才能提高球的速度呢? 具体有以下几种方法:

1. 加快回球速度。回球速度的快慢完全可以由自己控制,这是提高球速的最主要方法。

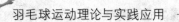

回球速度的提高具体有以下几种：一是增加击球的力量并将力量完全作用于打击球上，这样球向前的速度就会提高。二是控制好球拍的角度和拍面的方向，控制适当的弧线和落点。三是选好合适的击球点。

2. 加快判断速度、移动速度，以及前后场技术、正反手技术的连接速度。这些速度是提高球速的基础，它们之间是相互依存、相互制约、相互促进的关系，必须同时加速。

3. 提高速度素质。提高反应速度，提高移动速度，主要是步法的移动速度。另外，要速度力量相结合，只有这样才能加快球的速度。

第四节　击球弧线

一、球的弧线

由于球的重力作用，羽毛球被运动员击出后，在飞往对方场区的过程中总是呈弧线运行。即使是强有力的杀球也不例外，只不过球飞行时呈现的弯曲程度较小罢了。我们将羽毛球在运行中呈现的这种轨迹称作球的弧线。我们研究球的弧线的目的是为了更好地掌握羽毛球飞行的规律，从而达到准确判断来球，控制回球的运行，争取主动，克敌制胜的目的。羽毛球术语中经常讲控制球的能力，其中很重要的一点就是控制球的弧线。

二、球的弧线内容

球的弧线包括以下几个方面的内容：

（一）弧线的长度

如图2-4所示，从甲点击球落到乙点，弧线的长度是指球运行的实际轨迹的长度。

（二）弧线的曲度

弧线的曲度是指弧线的弯曲程度。

（三）打出距离

打出距离是指弧线投影在地面上的直线距离。

（四）羽毛球飞行的方向

羽毛球弧线的特点是球刚被击出时弧线曲度小，越往后弧线曲度越大，最后呈自由落体垂直下落。这是由羽毛球的制作材料、结构、形状与空气的阻力共同产生作用的结果。

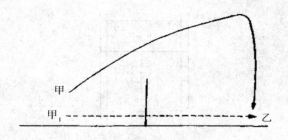

图 2-4 羽毛球飞行的方向

羽毛球的不同技术对弧线有不同的要求,因此,我们在制造弧线时一定要考虑这一重要因素。例如,中后场的击高远球与中后场的吊网前球,这两种技术对弧线的要求就不同。高远球要求弧线曲度大,弧线长,打出距离远,球飞行的方向是底线高远球;而吊球则要求弧线的曲度小,弧线的长度短,打出距离近,球飞行的方向是近网短球。怎样去制造符合各种技术要求的弧线呢?

1. 要掌握影响弧线质量的主要因素。一是弧线的曲度;二是打出距离。在每一拍击球中都要有意识地控制弧线的曲度和打出距离。

2. 要明确各种技术对弧线的特殊要求。例如,后场击高远球要击出多大的弧线曲度,打出距离有多远。

3. 控制拍形角度、拍面方向、击球力量和用力方向是控制击球弧线的基本方法。当击球角度为45°时,击球的用力最小,随着击球角度的增加或减小,击球的用力就随之增大,因此在羽毛球运动的击球中要随时根据拍形去调节击球的力量。拍形决定了击球角度,力量决定了球的初速度,两者只有很好地配合,合理使用,才能击出高质量弧线。

第五节 击球落点

一、球的落点

球被击出后落到对方场区的某一个点就叫做球的落点。

根据球场划分情况,基本可以分为九个击球落点区,如图2-5所示。在比赛中,运动员要有意识地控制落点,只要能将球击到这九个区的附近就达到了技术和战术的要求。

研究球的落点是羽毛球运动的一个重要内容,是"快、狠、准、活"技术风格的要求。"准"、"活"在击球的效果上的体现就是落点准确性、落点多、变化大。只有具备能随心所欲地控制击球落点的能力,才可能取得好成绩。

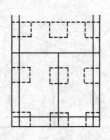

图2-5　球的落点区域划分

二、落点的作用

落点具体来讲有以下三个方面的作用。

（一）扩大对方的击球范围

击球时，利用先左后右，先长后短，先近网后底线等诸多落点的变化，迫使对方疲于奔命，应接不暇，造成对方击球失误或为我方创造得分的机会。

（二）利用落点攻击对方的弱点

例如，对方反手弱就专盯其反手，对方网前弱就专控制网前。

（三）利用落点专攻其难于回接的地方

一般来讲，运动员的弱点是怕攻击追身球和过头球，以及双打两名队员站位的结合处等，这些位置都是较薄弱的区域。因此，在击球时，寻找机会攻击对方的这些薄弱区域是有百利而无一害的。

三、控制落点的注意事项

（一）要明确控制落点的目的

在明确目的的指导思想下才能主动、积极地去进行控制落点的练习。

（二）要明确影响落点准确的因素

影响落点准确的因素要依据拍形角度、拍面方向、击球力量、击球时间、击球力量的方向而定。

（三）拍形要根据击球时间而定

拍形要根据击球时间而定，一环扣一环，其中任何一个环节出现了问题，球的落点都会控制不准。例如，网前击球时，当击球点高时，拍形前倾可以大点，力量也可以大点，可抢上手攻击对方；当击球点低时，拍形就被迫后仰，用力方向也得改变。我们在进行落点控制练习时，要在不同的击球点击球，体会击球点不同对拍形和击球力量的特殊要求。

（四）要死线活练，加强控制落点的意识培养

要死线活练，加强控制落点的意识。落点、路线、弧线虽然名称不同，但每一次击球都包含了这三项内容。因此，在练习时要根据技术规范的要求，战术变化的需要，周密地考虑它们之间的关系，认真地进行练习，每一拍球都要争取给对方造成最大的回球难度，在提高控制落点能力的同时，提高战术意识。

第六节　羽毛球击球质量因素

羽毛球运动是一项激烈的对抗性运动，取胜的关键在于要具备高超的技术，而高质量击球技术更是取胜的关键。高质量的击球要符合"快、狠、准、活"的原则，而要做到"快、狠、准、活"就必须弄清影响击球质量的主要因素。

一、击球的力量

击球的力量决定着击球速度，击球力量越大，球的速度越快。只有大力击球才能使对方没有充足的准备时间而处于被动地位。

二、回球的速度

不仅要提高回球的"绝对速度"，还要提高回球的"相对速度"，这样才能给对手以强有力的攻击，使其防不胜防，处于被动。

三、球的弧线

弧线曲度的大小，打出距离的长短，都与球的速度有关。若想加快速度，加强准确性，都必须解决击球弧线的问题。

四、球的落点

落点不仅要具有准确性，而且要具有攻击性。落点这一因素直接影响球的"狠、准、活"三个方面。落点刁在另一个意义上讲可谓"狠"；落点到位可谓"准"；落点变化无穷可谓"活"。因此必须加强落点控制能力的训练，掌握落点控制的方法。

五、击球动作的一致性

击球技术由动作构成，技术的不同，其动作的具体方法也各有所异，但有些技术在动作

方法上有很多相似的做法，就叫做击球动作的一致性。动作的一致性不仅增加了对方准确判断的困难，而且还可能给对方造成错觉，形成错误的判断，增加回球的困难，造成回球质量不高。例如，网前的搓、推、勾三项技术，在引拍、挥拍两个动作中就可以一致，在球拍触球的一刹那突然改变手腕、手指、挥臂的用力及拍形角度、拍面方向，而击出不同的回球，对方在击球前很难判断击球手法，只有当击球后才能做出判断，增加了判断的难度和移动的困难，进而影响击球的质量。因此，无论是前场技术、中场技术、后场技术，都要努力追求技术动作的一致性，这样才能确保击球的高质量。

以上五个因素是相互制约、相互依存、缺一不可的。然而这五大要素又和击球的命中率是一对矛盾，提高了力量、速度、落点、弧线、击球动作的一致性，则相应降低了击球的命中率。因此，在训练中真正需要解决的就是击球质量和命中率的关系，只有做到击球质量和击球命中率的矛盾统一，即质量高（力量大、速度快、落点刁、弧线变化大，动作隐蔽）且命中率也高，这样才真正达到了我们的训练目的，才能使我们在比赛中立于不败之地。

第七节　羽毛球技术结构

所谓技术是指那些在羽毛球运动中，具有一定联结形式的、科学的、合理的动作（或活动）。

所谓羽毛球技术结构是指组成羽毛球技术的动作（或活动）之间的普遍联系和相互作用的形式。研究羽毛球的技术结构能使我们从本质上区分羽毛球的各类技术，能使我们明确组成技术动作间的相互制约关系，为教学训练提供科学的依据。

根据羽毛球运动的实际，尤其是羽毛球技术结构的特点，可将羽毛球技术大致分为两类：判断技术和动作技术。

一、判断技术的结构

判断技术是感觉器官和神经系统共同完成的一个由一系列活动组成的特殊技术，这项技术的表现形式是人用肉眼很难看到的，只能从运动员的移动和击球效果中来鉴别其判断水平的高低。

判断技术的结构是：视觉感受器—传入神经系统—大脑皮质的综合分析—传出神经系统。

（一）视觉感受器

羽毛球选手根据视觉器官接受输入信息（对方的站位、战术思想、击球规律、技术特征、场上双方态势及对方击球的动作习惯等），并做出预测和判断，通过动觉意识到自己的身体运动，通过知觉感知对方的身体运动，即预测对方将会使用的还击方式，对此，自己做出相应的反应，并将自己的注意力和身体重心移向所判断的位置和方向。如果判断准确，可以在对方击球之前，提前移动（接发球时除外）。如果对方击出的球与自己的预判完全一致就可以在先移动重心、身体位置的基础上迅速启动；如果对方击出的球与自己预判的完全相反，就必须迅速调整重心、身体位置，重新调整启动。

所以，通过视觉感受器进行观察、判断可产生两种情况：

其一，判断正确，启动迅速，取得主动。

其二，判断失误，失去重心，调整位置，二次启动。

（二）观察是前提，综合分析是关键

只有看得及时、全面、准确，分析才能有可靠的依据。分析需要有一定的经验与理论做指导，理论水平的高低和分析综合能力的强弱，是影响分析综合效果的主要因素，因此，我们必须加强视觉灵敏度和理论水平，以及分析能力等方面的训练培养。

二、动作技术结构

羽毛球的技术动作很多，各式各样，但在技术动作结构上却有相同的规律，即都是：

选择位置—引拍—迎球挥拍—球拍触球—随势挥拍—身体回位。

选择位置是前提，选择位置的好坏与移动有关，同时也与对技术的理解程度有关；引拍是决定击球力量和方向的重要环节，同时也影响挥拍的效果；迎球挥拍要有力、及时；球拍触球是关键，随时可改变拍形、挥拍方向、挥拍速度；随势挥拍决定击球后球的稳定性、准确性；身体回位是保证下一次击球有更充分的时间准备、身体准备及位置的保证。这一系列的动作，需要身体各部位的协调配合，才能保证击球的质量。

（一）选择位置

羽毛球选手在运动竞赛和训练中的每一个回合的开始。发球员发球后，接发球员做接发球准备时，都要选择在规则规定的本方区域或接发球区域内合适的位置，以便全面照顾到自己场区，并能够迅速到位击球，接发球员选择的身体姿势要有利于迅速启动；通常情况是发球员发球后，两脚左右分开，稍有前后（可同侧脚在前，也可异侧脚在前），膝关节微屈，身体重心在前脚掌上或两脚间轮流移动，以便使两脚始终处于弹性预动的状态，便于快速启动。

（二）引拍

当选好位置后，选手要做好充分的准备姿势，此时，持拍手应放在胸前，便于很快做好击球的准备。

选手击球的第一步动作是引拍，它为挥拍击球做好了前期准备。其动作方向往往与击球方向相反或不一致，引拍动作与挥拍动作可以浑然一体，也可以互不相干。而引拍与挥拍动作相背离的情况往往是假动作的依据，也是当前羽坛发展的一个方向。

羽毛球击球动作的引拍是为下一步挥拍做准备，是势能积累，是将储备的势能转化成动能的前提条件。

（三）迎球挥拍

迎球挥拍是羽毛球选手击球前的发力过程，参与迎球挥拍这一击球动作不仅仅是手臂和手腕的用力过程。确切地说，从引拍动作开始，当身体重心移动以增加挥拍力量时起即是挥拍动作的开始。当然，羽毛球选手并非每一次迎球挥拍都倾尽全身力量来进行的，因此迎球挥拍的开始时间是当选手身体某一部分的动作最终将作用于球拍的击球上，即是这一击球的迎球挥拍动作的开始。根据人体运动生理学原理可知，人体在进行一切整体运动时发力都始于腰髋，羽毛球运动中的挥拍击球也不例外。如图2-6所示，以躯干发力开始向上的单向箭头指力的正常传导，向上的双向箭头指力的加速传导。由此可知，躯干（腰髋）发力后，向下传给大腿—小腿—足，足给地面一个作用力，地面给足一个反作用力。反作用力沿着足—小腿—大腿—躯干的顺序上行，加速传导赶上上行的正常传导力，并使二力合一，共同施加给球拍，球拍再作用于球，充分发挥各关节的动量传递的加速作用，完成挥拍击球的动作。只有这样一个系统、连贯、协调的动作过程，才能把动量传递到最后。在整个过程中，尽量保证将动量的损失压缩到最低限度。

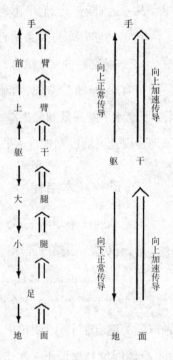

图2-6　力的传导图

迎挥动作是各肌群（主动肌群、对抗肌群）的有机结合过程，整个过程中鞭打动作是增加挥拍动作动量的关键所在。

（四）球拍触球

球拍触球是击球动作结构中最重要的环节。

球拍触球包括球拍触球时的拍面方向、拍形角度、球与球拍接触的位置，以及球拍触球时的击球时间（上升期击球、高点期击球、下降期击球）等方面。

一般情况下，要求击球者在球拍触球的瞬间自然伸直手臂，目的是为了争取最高的击球点，取得快速回击和有利进攻的角度和范围，为发挥更大的挥拍击球动能提供条件。击球者跑动到击球位置后，根据场上形势按照自己的技战术打法和意图，将球还击到对方区域，此时，要注意击球时一定要控制好身体重心，因为重心不稳，直接影响球拍触球的稳定性和命中率。

通常球拍触球时，以握拍手同侧的脚与握拍手在同一方向，脚着地时，要有一定的缓冲。

（五）随势挥拍

羽毛球的随势挥拍较为复杂。因为羽毛球的假动作是决定胜负的关键因素之一，而假动作的前提条件就是击球前的迎挥动作和击球后的随挥动作要有"停顿"。因此，随挥动作可分为两个部分：第一，正常按照击球动作技术要求的惯性进行顺势挥动即可，不需要靠人为的停顿、制动及终止；第二，按非正常的击球动作技术要求进行挥拍击球，即所谓的假动作。

（六）身体回位

击球随势挥拍后，手臂要立即自然放松，目的是节省体能。放松手臂，有利于再次击球，恢复持拍于胸前的动作，积极做好回接下一次击球的准备。此时，击球选手不一定马上跑回场地的中心位置，而是应根据自己击球的落点、质量和对方的战术意图、技术特点等方面来决定自己应选取的回位位置。

所以，我们掌握了这一规律对羽毛球技术的入门和提高具有很大帮助，为改正错误动作提出了理论指导和依据。

第三章　羽毛球基本类型

第一节　羽毛球类型打法的概念及分类

一、羽毛球类型

（一）羽毛球类型的概念

所谓羽毛球的类型就是在羽毛球竞技运动实战中，运动员运用不同的技术手段及与该技术手段目的相同的战术目的，把这些基本的技术手段和战术目的结合起来归纳为一个类型，我们将这一系列的羽毛球技战术结合方式称为羽毛球的类型。

（二）羽毛球类型的分类

根据羽毛球类型的概念，我们可以把这些基本的技术手段和战术目的结合起来归纳为一个类型，这些类型大致可分为：

1. 欧洲型

（1）欧洲型的概念。所谓欧洲羽毛球的类型就是在羽毛球竞技运动实战中，欧洲运动员运用以"稳"、"准"为主的技术手段及与该技术手段目的相同的战术目的，把这些基本的技术手段和战术目的结合起来归纳为一个类型，我们将这一系列的羽毛球技战术结合方式称为欧洲羽毛球的类型。

（2）欧洲型的特点。强调重心稳、落点准，以稳、准为主。技术上讲究步法的条理性（多运用小步结合大步，速度较慢）和回中心位置；打法是用高远球和网前放、挑球结合拉吊四角以调动对方，主动伺机扣杀。这种打法，击球力量大，落点准，反手颇具威力。

（3）欧洲型的发展趋势。2000年以后，从所有的世界大赛统计数据来看，欧洲选手的类型发展趋势是注重吊杀的配合，讲求平球、快球，轻易不出高球，在控制平快球的基础上，增加杀球的使用率，尽量使自己处于高空下压的态势。

当今欧洲型发展的趋势是欧洲选手利用自己身高优势、击球有力、爆发突击等特点，已从原来的控制底线的类型转向强调进攻，突击发球抢攻，以及下压控网为主的类型。

2. 亚洲型

（1）亚洲型的概念。所谓亚洲羽毛球的类型就是在羽毛球竞技运动实战中，亚洲运动员运用积极快速的鞭打性的技术手段及与该技术手段目的相同的战术目的，把这些基本的技术手段和战术目的结合起来归纳为一个类型,我们将这一系列的羽毛球技战术结合方式称为亚洲羽毛球的类型。

(2)亚洲型的特点。在稳、准的前提下强调快速进攻,技术特点是突出前臂和手腕的力量,脚下步法移动快(注意运用弹跳和蹬跨),挥拍动作小,注意鞭打的协调用力,击球点高,常用扣杀、快吊和劈杀;上网快,网前多采用搓球(取代了欧洲式的网前放、挑球)和推平球;后场反手部位也多用头顶的杀、吊、击后场等技术击球。此种类型打法主要以印度尼西亚运用得最为突出。

(3)亚洲型的发展趋势。2000年以后,从所有的世界大赛统计数据来看,亚洲选手的类型发展趋势是着重利用身体优势,具有灵活多变、技术全面、突击性强、拉打结合、变速进攻、节奏鲜明等特点,尤其是印度尼西亚选手的后场起跳,变速突击下压速度快、落点刁,假动作"真",手法隐蔽,威胁性大。

当今亚洲型发展的趋势是亚洲选手利用自己灵活多变,击球节奏好,爆发突击等特点,已从原来的控制网前的类型转向技术全面、战术多样、积极主动、快速突击等为主的类型。

3. 中国型

(1)中国型的概念。所谓中国羽毛球的类型就是在羽毛球竞技运动实战中,运动员运用"快、狠、准、变、活"的技术手段及与该技术手段目的相同的战术目的,把这些基本的技术手段和战术目的结合起来归纳为一个类型,我们将这一系列的羽毛球技战术结合方式称为中国羽毛球的类型。

(2)中国型的特点。特点是"快、狠、准、变、活",表现为以我为主,以攻为主,以快为主,基本技术全面、熟练,特长突出,进攻点多,封网积极,劈杀凶狠,防守稳中有刁,守中有攻,能攻善守,力求"快、狠、准、变、活"的有效结合。

(3)中国型的发展趋势。2000年以后,从所有的世界大赛统计数据来看,中国选手的类型发展趋势是着重利用身体优势,具有自身灵活多变、技术全面、突击性强、拉打结合、变速进攻、节奏鲜明等特点,在继承了印度尼西亚选手的后场起跳,变速突击下压速度快、落点刁,假动作"真",手法隐蔽,威胁大等特点的基础上,着重发展了适合于我国羽毛球运动员特点的"快、狠、准、变、活"的技术风格。

当今中国型发展的趋势是中国选手利用自己灵活多变,击球节奏好,爆发突击等特点,已从原来的控制网前的类型转向技术全面、战术多样、积极主动、快速突击,将"快、狠、准、变、活"有效地结合起来,创造了以"短、平、快"为主的类型。

◎短的概念。"短"——羽毛球运动实战中"短"的概念是指击球弧线短,弧线曲度小,打出距离小。

◎平的概念。"平"——羽毛球运动实战中"平"的概念是指击球弧线曲度小,弧线飞行方向以与地面接近平行为主。

◎快的概念。"快"——羽毛球运动实战中"快"的概念是指击球速度快(击球速度快分两个部分:一是指击球的绝对速度快,即球飞行的速度快;二是指击球的间隙速度快,即指从运动员球拍触球开始至飞行到对方场区,对方接球结束这段距离的时间短)、节奏变化快、出手动作快。

(三)羽毛球类型包括的打法

羽毛球类型是个大概念,打法是类型下面的从属概念,所以类型可细分为多种打法。

1. 羽毛球打法的概念

羽毛球打法是指在羽毛球运动竞赛实战中,运动员采用相对固定的或经常反复出现的技、战术组合形式。

2. 各种羽毛球类型包括的打法

(1)欧洲羽毛球类型包括的打法。

欧洲羽毛球类型包括的单打打法:①快速拉吊结合突击的打法类型;②变化突击的打法类型;③下压控网进攻的打法类型;④相持反攻的打法类型。

欧洲羽毛球类型包括的双打打法:①控制前场进攻的打法类型;②控制底线进攻的打法类型;③攻守兼顾进攻的打法类型。

(2)亚洲羽毛球类型包括的打法。

亚洲羽毛球类型包括的单打打法:①快速拉吊结合突击的打法类型;②变化突击的打法类型;③下压控网进攻的打法类型;④相持反攻的打法类型;⑤均衡型的打法类型。

亚洲羽毛球类型包括的双打打法:①控制前场进攻的打法类型;②控制底线进攻的打法类型;③攻守兼顾进攻的打法类型;④均衡性质进攻的打法类型。

(3)中国羽毛球类型包括的打法。

中国羽毛球类型包括的单打打法:①快速拉吊结合突击的打法类型;②变化突击的打法类型;③下压控网进攻的打法类型;④相持反攻的打法类型;⑤均衡型的打法类型。

中国羽毛球类型包括的双打打法:①控制前场进攻的打法类型;②控制底线进攻的打法类型;③攻守兼顾进攻的打法类型;④均衡性质进攻的打法类型。

需要指出的是,中国羽毛球打法类型与亚洲羽毛球打法类型基本相似,只是中国队在亚洲羽毛球打法类型的基础上更强调积极主动、快速控网、配合默契等特点。

第二节　羽毛球单打类型

一、羽毛球男子单打类型

1. 快速拉吊结合突击的打法类型

（1）打法要求：①积极主动；②技术全面；③熟练准确；④突击能力强；⑤控制与反控制能力强；⑥战术变化灵活，手法一致；⑦突变性强；⑧步法积极、灵活、快速，速度耐力好。

（2）打法特点：①快速准确的平高球与劈吊、拦吊球相配合；②控制网前及后场的落点，通过高质量的多拍相持调动对手；③迫使对方回球质量下降，伺机扣杀，取得优势，并做到变优势为胜势。

2. 变化突击的打法类型

（1）打法要求：①在快速拉吊结合突击的打法的基础上有了新的发展和创新；②更加强调变速进攻、变化进攻，强调手法的一致性及力量的一致性（力量的一致性是指两种动作方法采用同一力量进行击球），突变性强；③讲求动作小而突然，强调动作的速度和爆发力，而不要求击球动作的绝对力量。尤其后场突击扣杀的动作隐蔽和爆发力强，符合现代羽毛球动作技术发展的趋势（效率高、实效强）；④步法移动要突然，要加强起跳和前场的蹬跳、蹬跨。意识上，在强调准确判断的基础上，突然启动，抢点击球，落点刁准。

（2）打法特点：①通过自身动作速度的积极加快，主动上手，争得突击变速进攻的机会；②通常是拉、吊配合，拉、杀配合相结合；③抢点突击及采用控制网前的搓、勾、撇、推、扑等技术与之相结合的配套组合。如出现机会，加速后退起跳突击扣杀，取得优势，并做到变优势为胜势。

3. 下压控网进攻的打法类型

（1）打法要求：①积极上手，先发制人，前后连贯，快速凶狠，动作隐蔽，速战速决；②进攻效率高，进攻速度快，进攻落点准，击球点高，杀球力量重，步法移动迅速，弹跳力强；③这种打法对步法的要求是多采用单步、垫步、小跳步结合跨步、蹬跨步、蹬跳步；④该打法在意识上的要求是更加强调主动得分。

该打法包括的种类：①杀吊上网打法；②发球抢攻打法；③下压扑网打法。

（2）打法特点：①以发球抢攻为主，特别是正、反手发网前低球结合发平球，迫使对方回球向上，然后通过大力扣杀，或快吊、轻杀、点杀、短杀、劈杀的配合，紧接着上网控制网前，采用扑、推、搓、勾技术，以便创造中场、后场的进攻条件；②尽量使该打法采用上手技术、下压技术、高点技术，迫使对方采用下手技术、上挑技术、低点技术进行回球。

4. 相持反攻的打法类型

(1)打法要求:①以稳健的相持为主,在有节奏的相持或节奏变化的情况下,后发制人;②该打法要求步法积极主动,灵活多变,能够快速到位,反应灵敏;③该打法对心理的要求较高,要求心理的稳定性强,只有心理稳定,球的稳定性才能好。该种打法重点强调的是相持,相持是基础,只有在稳定的相持基础上才能反攻。

该打法包括的种类是:①相持拉四方球打法;②相持多拍拉吊结合打法;③相持多拍控后场打法;④相持多拍控网前打法。

(2)打法特点:通过拉吊球的配合、拉四方球的配合、相持控底线的配合、相持控网前的配合等调动对方,消耗对方的体能,抓住对方的弱点,造成对方急躁,使对方陷入被动,迫使对方回球质量低,这时抓住时机进行积极的反击,利用多变的劈杀、扣杀、大力杀球等给对方以致命的打击,变优势为胜势。

5. 均衡型的打法类型

(1)打法要求:①更加积极主动;②技术全面;③战术变化多样;④没有明显漏洞;⑤心理素质过硬;⑥控制、反控制能力强;⑦特长比较突出。

(2)打法特点:①以积极主动为主;②以技术全面为基础;③以灵活多变的战术变化为取得优势的手段,以特长突出为制胜的依据;④没有明显漏洞,使对手无机可乘。

均衡型打法顾名思义,即"均衡"。它讲求战术均衡、技术均衡、体能均衡、心态均衡。总而言之,该打法讲求一种羽毛球竞技运动的艺术均衡,突出了羽毛球竞技的核心灵魂——"节奏"。

二、羽毛球女子单打类型

1."慢四方球"结合控制底线的打法类型

(1)打法要求:①讲求技术节奏;②讲求技术之间的连贯;③讲求手法的稳准;④讲求控制底线为主。

(2)打法特点:

美国选手使用该打法的特点:①动作稳健;②底线击球有力;③压对方底线为主;④相持中创造杀球机会;⑤步法中多采用跨步移动。

日本选手使用该打法的特点:①基本技术全面;②以压对方底线为主;③步法节奏好;④讲求回动位置;⑤讲求步法的速度和灵活性;⑥讲求进攻意识;⑦讲求头顶劈吊对角。

印度尼西亚使用选手该打法的特点:①讲求技术全面;②讲求技术的稳准;③讲求步法的调整;④以控制对方底线为主,强调反控制能力。

韩国选手使用该打法的特点：①讲求击球力量；②讲求判断速度、动作速度、移动速度；③讲求拉、杀的配合；④讲求以进攻为主；⑤讲求以压对方底线为主。

中国选手使用该打法的特点：①讲求技术全面；②讲求战术多样；③讲求稳、准；④讲求"狠、活"的有机配合；⑤讲求以压对方底线为主。

2. 吊杀控网的打法类型

（1）打法要求：①步法灵活；②积极快速；③主动进攻。

（2）打法特点：①以积极主动为主，讲求步法的灵活；②以技术全面为基础，讲求手法的快速；③在稳、准、狠的基础上讲求积极进攻；④突出"变"的主导思想。

（3）发展历程：20世纪70年代以后，女子羽毛球技术发生了巨大的变化，虽然总体上其打法特点还是以压对方底线为主，但是受男子打法的影响，在女子技术中也开始引进男子打法，并且在羽毛球运动实践中使用效果良好，威胁巨大。代表人物是中国女队的李芳，她率先采用了这种快速的、积极主动的、全攻型的吊杀控网打法。这种打法给这一时期女子羽坛带来了一缕春风。但终因女子选手身体结构、生理机能等因素所限，很难使这种打法推行开来，只能由少数选手（身体素质特别突出）所运用。

3. "快、变、活"的打法类型

（1）打法要求：①讲求步法移动、击球速度的快速；②讲求击球动作、击球力量的变化；③讲求击球线路、步法移动的灵活。

（2）打法特点：①积极主动、快速进攻；②以变为主，因变而变；③灵活机动，以我为主；④"快、变、活"的有机结合。

第三节　羽毛球双打类型

一、羽毛球男子双打类型

1. 控制前场进攻的打法类型

（1）打法要求：①判断反应快；②抢位跟进快；③前场出手快；④击球位置高；⑤封、挡、扑、压等技术快；⑥落点变、刁、准。⑦前场结束战斗。

该种打法非常重视争夺前半场，把控制前半场作为争取主动、取得优势、建立胜势的基础。在具体实战操作时，通过控制前半场来组织进攻。

（2）打法特点：①通过发球、接发球和前半场网上的快打、高打、封打、挡打等技术控制组织进攻；②强调前场控球的出手质量和落点的精准。

2. 控制底线进攻的打法类型

（1）打法要求：①中前场击球点高；②击球动作短小有力；③强调出手动作的一致性；④强调推、抽、扣技术的协调应用。

该打法的还具有强攻、高压的特点，以控制对方的中后场为主，进而组织有效的进攻。

（2）打法特点：①是以强攻、硬打、快速平抽及抽压两边底线，迫使对方与本方形成平抽、快打的相持局面，进而创造后场大力高压的进攻机会；②形成对本方有利的"后攻前封"进攻模式。

3. 攻守兼备进攻的打法类型

（1）打法要求：①技术全面；②战术多变；③能攻善守；④防守反攻效果好；⑤后场多点配合的连续进攻能力强。

该打法是相持反攻打法的发展，是在继承了相持反攻打法的基础上发展演变而来的一种打法。

（2）打法特点：①通过拉开后场两底线调动对手，伺机创造进攻机会；②后场进攻有相当大的威胁，通常是采用拉吊结合、杀吊结合、轻重结合及落点的远、近、左、右相结合。

4. 均衡型的打法类型

（1）打法要求：要求更加积极主动，技术比较全面，战术变化多样，没有明显漏洞，心理素质过硬，控制、反控制能力强，特长比较突出，两人配合默契。

（2）打法特点：①以积极主动为主；②以技术全面为基础；③以灵活多变的战术变化为取得优势的手段，以特长突出为制胜的依据；④以没有明显漏洞为取胜手段；⑤以两人配合默契为宗旨。

二、羽毛球女子双打类型

1. "前后分工"的打法类型

（1）打法要求：①分工明确，一个负责前场，一个负责后场；②手法细腻；③讲求节奏。

（2）打法特点：①一"前"一"后"——靠近球网的选手负责前场，靠近底线的选手负责后场，两名选手分工明确，互不干扰，各司其职；②一"软"一"硬"——靠近球网的选手主要是靠前半场的软打、轻打、控网给后场同伴创造进攻机会；靠近底线的选手主要是依靠同伴创造的机会进行进攻，当没有机会时，则与对手进行相持，寻找战机；③移动速度较慢；④打法单调。

2. 防守反攻的打法类型

（1）打法要求：①稳固防守；②积极相持；③讲求节奏；④伺机反攻。

（2）打法特点：①先守后攻；②以守为主；③伺机进攻；④讲求攻、守转换；⑤讲求节奏变化；⑥讲求速度变化。

3. 控制前场进攻的打法类型

（1）打法要求：①判断反应快；②抢位跟进快；③前场出手快；④击球位置高；⑤封、挡、扑、压速度快；⑥落点强调变、刁、准；⑦尽可能在前场结束战斗。

该打法非常重视争夺前场，把控制前场作为争取主动、取得优势、建立胜势的基础。在具体实战操作时，通过控制前场来组织进攻。

（2）打法特点：①通过发球、接发球和前半场网上的快打、高打、封打、挡打等控制节奏，组织进攻。②强调前场控球的出手质量和落点的精准。

4. 控制底线进攻的打法类型

（1）打法要求：①中前场击球点高；②击球动作短小有力；③强调出手动作的一致性；④强调推、抽、扣技术的协调应用。

该种打法具有强攻、高压的特点，以控制对手的中后场为主，进而组织有效的进攻。

（2）打法特点：①以强攻、硬打、快速平抽及抽压两边底线，迫使对手与本方形成平抽、快打的相持局面，进而创造后场大力高压的进攻机会。②形成对本方有利的"后攻前封"进攻模式。

5. 均衡性质进攻的打法类型

（1）打法要求：更加积极主动，技术比较全面，战术变化多样，没有明显漏洞，心理素质过硬，控制、反控制能力强，特点比较突出，两人配合默契。

（2）打法特点：①以积极主动为主；②以技术全面为基础；③以灵活多变的战术变化为取得优势的手段，以特点突出为制胜的依据；④没有明显漏洞，使对手无机可乘；⑤以两人配合默契为宗旨。

三、羽毛球混合双打类型

1. 欧洲型打法类型

（1）打法要求：①基本队形为女前男后；②前软后硬；③前变后攻。

（2）打法特点：①分工明确，女前男后；②前场软打，后场强攻；③前封后杀。

2. 亚洲型打法类型

（1）打法要求：①积极主动；②控制后场；③平抽快打。

（2）打法特点：①分工不要求特别明确，女前男后是基本队形；②前场软打，后场强攻；③前封后杀；④平抽快打结合强攻；⑤女子选手软打结合硬扑。

第四章 羽毛球技术要点

第一节 预判能力

预判是感觉器官和中枢神经系统共同进行的一种反应活动。这种活动需要在较长时间的学习训练中才能形成，所以我们将预判也作为一类技术来进行研究。它与羽毛球的手法、步法密不可分，是手法、步法的前提和保证。羽毛球的预判技术主要有两种：一是预判球的速度与旋转；二是预判球的路线及落点。

一、预判来球速度与旋转

预判技术结构中主要成分是视觉的感受——"看"，"看"是正确预判的基础。在比赛中，我们根据所观察到的情况，预判来球速度的快慢、旋转的强弱。

（一）要看对方击球时的站位

对方击球时的站位基本有三种情况，一是网前，二是中场，三是后场。如果对方在网前击球，球距本场距离短，落到本场所需时间少，速度则快；如果在后场击球，球距本场距离远，球落到本场区所需时间要长，速度则慢。

（二）要看击球点的高低

击球点高于球网时，来球的速度多数情况下是快，因对方从上向下击球，击球时也能用上力，所以来球速度会快；击球点低于网，因其发力受到限制，击球方法受到限制，所以来球速度多数情况下较慢。

（三）要看运动员击球时的发力

力量是使球产生速度的根源。运动员击球时，引拍动作大，击球时将全部用力作用在球上，这时球的速度就会快；若轻轻击球，球的速度就要慢些。有些运动员假动作比较多，因此在看运动员击球时，重要的一点是看球拍触球瞬间的用力情况，切记不可被其击球时的假动作所迷惑。

（四）要看球从球拍弹出的速度和方向

球从球拍弹出的速度快，则球在空中飞行的速度亦快，来球的速度也快；看球从球拍弹出的速度较慢，则球飞行的速度就要慢，来球的速度亦慢。出球的方向决定了弧线的高低。弧线曲度大，来球速度就要慢，相反弧线曲度小，来球速度就要快。出球方向还可看出是斜线，还是直线。一般来讲，来球是斜线要比直线来球慢。

上述是我们预判来球速度的几点依据，但仅依据这些还是不够的，切不可忽略了旋转对球速的影响。例如，同样的用力，杀球和劈杀、吊球和劈吊球在空中运行的速度却相去甚远。那么，我们如何预判来球的旋转变化呢？主要方法是盯住对方的拍形变化和用力方向。拍面给球的反弹力和击球的用力，两者的合力才是球最后的飞行方向。由于旋转的介入，使击球力量较大的球有时速度并不一定特别快，从而起到迷惑对手的作用。

因此，我们在预判来球时，一定要把影响速度的因素及旋转结合起来观察，根据观察到的情况综合分析，只有这样才能使预判及时、准确。

二、预判来球路线及落点

落点是影响击球质量的重要因素。在比赛中，如果不能对来球的落点做到比较准确的预判，就不能及时移动到位，更不能进行有效击球，从而会严重影响击球的质量。预判落点时首先应预判来球的路线，然后再预判来球的落点。

（一）预判来球的路线

路线是步法移动的主要依据。根据来球的路线确定启动的方向，预判路线的重要方法是要看对手的行动。

1. 看对手的站位

运动员的站位一般都有其各自的特点，站位的不同，回球的路线也会受到一定程度的限制。如有的运动员喜欢打直线球，那么他的站位基本就决定了来球的路线，这一点要通过观察运动员的个性特点，才能预判准确。

2. 看运动员击球时拍面所朝的方向

拍面的方向基本上决定来球的路线，除劈吊、劈杀等个别技术外，多数技术拍面的方向和用力方向是一致的。在击球挥拍过程中拍面方向可能会改变，但击球的瞬间拍面是不可能再改变方向，因此这一瞬间是我们预判是否准确的关键，必须保持全神贯注。

3. 看球拍触球后球弹出的方向

这一点在羽毛球的预判中是非常重要的。球离开球拍时应预判其是斜线还是直线，是长球还是短球。因此，我们的视觉一定要保持高度的灵敏性。

（二）预判来球落点

落点和路线有联系也有区别，因此在预判中既不能忽略路线，又必须重视落点。预判落点掌握以下方面。

1. 看对方击球时用力的大小

同是一个斜线球，用力大则会打到后场，用力小则会打到网前，因此用力的大小是我们预判落点的重要依据。力量的大小与引拍、挥拍都有关系，但最密切的是触球瞬间的用力情况。有的人前臂、手腕、手指的爆发力较好，虽然引拍动作不大，挥拍速度也不快，但触球瞬间却能突然爆发用力，因此要根据临场情况、运动员的特点等方面来进行落点预判。

2. 根据运动员所采用的击球技术

吊球多数为网前球，杀球多数为中、后场球，高远球一般在底线附近。对方应用的技术在击球前也有可能预判出来。例如，后场平高球使对手急忙后退接球，在移动不到位的情况下，一般只能用高远球或吊球，很难杀球，因此便可多注意预判对方来的高远球及吊球。另外，还可根据运动员的击球习惯，如压反手后场球时，对方多喜欢吊斜线和杀直线，利用这些经验就能减少预判时的困难，增加预判的准确性。

3. 看球出拍时的角度

球出拍时的角度决定着球的路线和弧线，对落点有很大影响。一般来讲，曲度大的球落点要短，曲度小的球落点较长。无论是预判落点，还是预判路线，都不能只凭一点便盲目做出结论，而要把经验和实际结合起来，主要是从实际出发，才能使预判做到及时、准确。

第二节　步法能力

步法可称为羽毛球运动技术之根本，根据击球的需要，步法主要分为三类：一是上网步法，二是后场步法，三是中场步法。

羽毛球步法中常运用并步、垫步、交叉步、单足跳步、跨步、蹬步、腾跳步等（以下步法介绍均以右手持拍为例）。

一、上网步法

上网步法是指从场地中央位置向网前移动的步法。上网步法可以分为正手上网步法、反手上网步法和蹬跳上网扑球步法三种。为了便于随时启动，准备姿势应为两脚稍前后开立。右前左后，轮换弹动，以便能随时调整身体的重心。

上网步法可分为跨步、垫步、蹬步。

（一）跨步

当预判来球是网前球时，两脚轻轻向上弹跳将重心调至右脚，左脚迅速蹬地向前迈出一步，当左脚刚着地时，右脚加速蹬地向前跨出，左腿用力使右脚向前大跨一步。着地时，以右脚跟、脚掌外侧的顺序着地。上体前倾,右腿成弓箭步,前腿用力缓冲,制动住身体,保持正确的击球姿势,如图4-1所示。

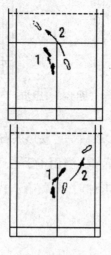

图4-1　跨步

（二）垫步

当预判来球是网前球时,两脚轻轻上跳将重心调至左脚,右脚迅速向来球方向迈出一步,紧接着左脚迅速跟上右脚并用力蹬地使右脚向前迈出一大步。脚跟、脚掌外侧先着地,然后脚底着地立即缓冲,右腿成弓箭步,制动住身体,保持下一次击球的正确姿势,如图4-2所示。

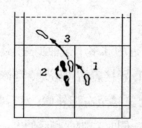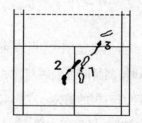

图4-2　垫步

（三）蹬步

蹬步用于离网较近、争取高点击球时采用,其动作要领为:当预判来球是网前球时,两脚轻跳将重心调至左脚,同时左脚用力蹬地,右脚向来球方向大步跨出,使身体迅速向来球方向移动。击球完成后,右脚先着地,左脚紧跟着着地,并迅速制动,返回球场中心位置(也可以根据当时的具体情况调整身体的位置),准备下一次击球,如图4-3所示。

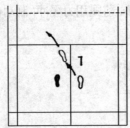
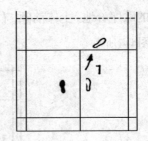

图4-3 蹬步

除此之外，无论跨步，还是蹬步，最后一定要形成右脚在前的姿势。因为这样便于持拍手在前，尽最大限度地击球，扩大击球范围。当用正手击球时，右脚最好用脚掌外侧着地，这样便于身体右转，引拍击球。当用反手击球时，最好右脚内侧着地，这样便于身体左转，以便引拍击球时能发挥出身体的协调用力。

二、退后场步法

退后场步法是指从中心位置后退到底线的步法。

退后场步法是羽毛球步法中最常用的，同时也是难度较大的步法动作。根据人体的解剖生理结构原理得知，向前总比向后移动容易些。特别是向左场区底线后退，对球员的灵活性和协调性的要求更高。

后场来球有正手位、反手位之分，击球也有正、反手之别，所以退后场步法也有两种，即正手退后场击球、反手退后场击球。

（一）正手退后场击球步法

1. 交叉步

这种步法的特点是移动范围大，所以回击底线附近的球多用这种步法，其动作要领是：当预判来球是后场球时，两脚向上轻跳将重心调至右脚，紧接着右脚蹬地，身体右转，右脚向来球方向迈出一步；随着右脚的着地、左脚经身体后交叉移至右脚外侧；然后右脚迅速向后再移动一步，当右脚着地时，迅速向上蹬，使击球点增高，同时左脚向身后伸出；当击球完成时，左脚以前脚掌先着地，然后右脚着地，左脚着地时缓冲、制动、回蹬要连接紧凑，使身体迅速返回球场中心位置，如图4-4所示。

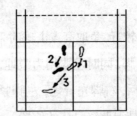

图4-4 交叉步

2. 正手垫步退后场击球步法

垫步和交叉步的区别是当右脚向来球方向移动后,左脚跟着地向后移动,左脚着地时不是后交叉,而是在右脚内侧着地,然后再移动右脚,最后一步和交叉步相同,如图4-5所示。

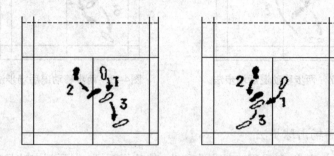

图4-5 正手垫步退后场击球步法

3. 正手跨步退后场击球步法

这是正手低手击球时多采用的步法,其动作要领是先预判来球是后场球,在来不及用上手技术击球时,两脚轻跳将重心调至右脚,紧接着右脚用力蹬地,迅速向右转体,右脚向来球方向跨出一步,右脚一着地左脚迅速移动一步,在右脚外侧着地(经体前、体后均可),然后右腿向来球方向再大跨一步,随着脚着地的瞬间出手击球,如图4-6所示。

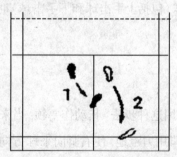

图4-6 正手跨步退后场击球步法

(二)反手退后场击球步法

1. 两步移动退后场击球步法

这种步法适用于反手击打距身体较近的来球时采用,其动作要领:当预判来球为后场球,并且距身体较近时,两脚轻跳,重心移至右脚,右脚蹬地伴上肢右转,左脚向来球方向迈出一步。同时,右脚迅速经体前向来球方向移动一大步,右脚着地时,出手击球,如图4-7所示。

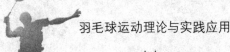

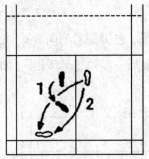

图4-7　两步移动退后场步法

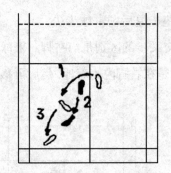

图4-8　两步移动退后场步法

2. 多步移动退后场击球步法

当来球距身体较远时，多采用这种步法移动，其动作要领：当预判来球是反手位，并距身体较远时，两脚轻跳，重心移至右脚，右脚蹬地转体，同时经体前向来球方向迈出一步，此时背对球网，左脚向前移动一步，右脚再移动一步，右脚着地时，挥拍击球。右脚最好用脚掌外侧着地，便于身体由左向右转动，协助用力击球，如图4-8所示。为调整击球位置，向后移动的步数可不受限制，但最后一步一定要保证右脚在前，这样对发力击球有利。

三、中场左右横动击球步法

左右横动主要是还击中场球（包括上手击球和下手击球）时所使用的步法，大致有两种：一是向左移动，二是向右移动。

（一）向右移动的步法

1. 跨步

当来球距身体较近时，可采用这种步法。其动作要领：当来球在右侧距身体较近时，两脚向上轻跳，将重心调至左脚；左脚用力蹬地，使右脚向来球方向跨出一大步；右脚着地时右腿成弓箭步，身体前倾，前倾幅度大小要根据来球高度而定，如图4-9所示。

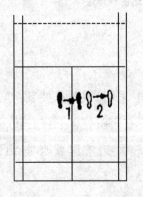
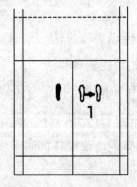

图4-9　向右移动步法

2. 垫步

当来球距身体较远时，采用这种步法移动，其动作要领：两脚轻跳使重心落在右脚，左脚向右脚并一步，左脚一着地就用力向右蹬，使右脚迅速向右跨出一大步，右脚着地后成弓箭步，身体前倾，出手击球。

（二）向左移动的步法

1. 身体正对球网移动的步法

这种移动步法无论是用正手击球，还是用反手击球都可以采用。脚下移动可采用如前所述的向右横动的跨步或垫步，如图4-10所示。

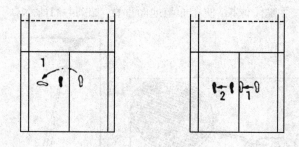

图4-10 向左移动步法

2. 身体背对球网移动的步法

这种步法只适用于反手击球，身体背对球网的移动方法，即反手击球的移动方法。其动作要领：当预判来球在左侧，并决定用反手技术击球时，两脚轻跳，将重心移至右脚，右脚用力蹬地，身体左转，同时右脚向左侧移动一大步，形成背对球网，用反手击球。击球时，要根据来球的高度确定身体的姿势，如图4-10所示。

羽毛球的步法有很多种，这里介绍的只是其中几种最常见、最主要的步法。根据运动员的技术打法特点和身体素质的实际情况可灵活采用。

第三节 手法能力

没有手法，羽毛球的技术动作完成就无从谈起。正确的预判，及时的反应，灵活、快捷的步法移动，最终目的无非是给自己的出手创造最好的条件，利用最有效的手法击球，才能够取得比赛的最后胜利。

手法从类别上可分为握拍法、发球法、击球法三种。

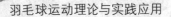

一、握拍法

正确的握拍法,对于合理、准确、全面的掌握基本技术,至关重要。正确的握拍法,可以使球员准确地把球打到对方场区的任何落点上;相反,如果握拍的方法不得当,往往会影响我们对球的控制能力,会限制球员的一些战术和技法。在完成技术动作的时候,也容易被对方预判到所要还击的路线及落点。握拍法不得当,有时候还会影响技术动作的完成、发挥,降低了击球的效果和准确性,减弱了击球的威力。

(一)正手握拍法

握拍之前,先用左手拿住球拍,使拍面与地面垂直,如图4-11所示。

图4-11 正手握拍法

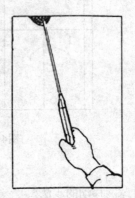

图4-12 正手握拍法

再张开右手,使手掌下部靠在球拍的握柄底托部位,虎口对着球拍框即对着球拍的侧面,如图4-12所示。小指、无名指、中指自然并拢,食指与中指稍稍分开,自然弯曲并贴在球拍上。握拍的时不要过于用力,手部肌肉要放松。只有在击球的瞬间,手指突然紧握球拍把发力即可。

(二)反手握拍法

常见的反手握拍法有两种:一种是由正手握拍法把球拍框往外转向右则旋转,拇指前内侧部位贴在球拍把的窄面部位,食指往中指、无名指、小指方向稍收回,如图4-13、4-14所示;另一种是由正手握拍法把球拍框往外旋转,拇指伸直贴在球拍把的宽面部位,食指、中指、无名指、小指并拢。通常反手握拍的时候,手心与球拍把之间有一定的空隙,这样握拍法有利于手腕力量和手指力量的灵活运用。

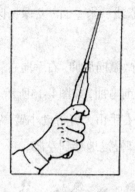

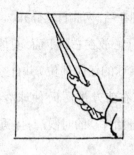

| 图4-13 反手握拍法 | 图4-14 反手握拍法 |

羽毛球的握拍法,常使用的是以上所说的两种。尽管在羽毛球运动中对握拍法有一些要求,但并没有提出十分严格或者是规格化的要求。有时可以看见一些运动员在握拍时,食指和中指、无名指、小指之间并没有一定距离,手指都并拢在一起。无论是哪种握拍法,最基本的要求是有利于自己手腕的灵活转动和手指力量的发挥。握拍法不应该影响或者限制手腕的活动范围及手指力量的发挥。

二、发球法

掌握好发球技术,并在比赛中按对手的技术特点选择有利于自己进攻的发球法,迫使对手处于被动状态,从而达到争取主动得分的目的。

发球大致可分为正手发球法和反手发球法。一般来说,发网前球、平快球、平高球时,均可以用正手发球法和反手发球法来进行;而发高远球时,则普遍采用正手发球法。

常用的发球技术有:发高远球、发平高球、发平快球和发网前球。在单打比赛中,以上几种发球应用较普遍;而在双打比赛中,则以发网前球结合发平球或者发平高球最为常见。

(一)正手发球

1.正手发高远球

特点:顾名思义,高远球就是把球发得又高又远,使球向对方的后场上方飞行,球的飞行路线与地面形成的角度(仰角)要大于45°角,球在对方场区底线附近(界内)时,形成垂直下落。

发高远球可以使对手退到离我方场区最远的底线去击球,如果发高远球的质量较高,则可以限制对方的进攻战术,使对方在接球的时候,不容易马上组织进攻。在对方体力不足的时候,发高远球也可以使对方消耗更多的体力。

动作要点:

①选位。准备发高远球的时候，站在离前发球线一米左右、发球场区中线附近，面对球网，左脚在前，右脚在后，两脚自然分开。

②引拍。身体重心放在右脚上面，身体自然地微微向后仰，右手向右后侧举起，肘部稍弯曲，左手拿球（可拿球的任何部位）并自然地在胸前弯曲，如图4-15所示。发球的时候，左手把球举在身体的靠右前方并放下，使球落下；同时右手由大臂带动小臂，从右后方向前，往左前上方挥动，大臂开始挥动的时候，身体重心由右脚慢慢地移到左脚。

图4-15　正手发高远球

③迎球挥拍。当球落到击球人手臂向下自然伸直能触到球的部位的瞬间，握紧球拍。

④球拍触球。利用甩手腕的力量，向前上方用力击球，把球击出的同时，手臂向左上方挥动。

⑤随势挥拍。击球之后，身体重心也由右脚移至左脚，身体微微向前倾。

⑥回位。当完成一次击球动作之后，根据下一拍来球的具体情况，还原到最佳的位置上。

⑦主要用力部位。若想使高远球发好，就必须使身体移动重心的力量、手臂挥动的力量，以及手腕突然加快向前上方鞭打的力量很好地、协调地结合起来，使整个发高远球的动作协调，并充分地把身体各部位所发挥出来的力量都通过球拍作用到球上面。一般情况下，发高远球多半是用正手进行的。

2. 正手发平高球

特点：与正手发高远球的特点相似。把球发得不太高，使球迅速地越过对方场区空中，落到底线附近。球在空中飞行的时候，与地面所形成的仰角大约是45°。

在比赛中，这种发球可以迫使对方快速移动到底线，从而没有充裕的准备时间去还击来球。如果发平高球的质量好，可以限制对方发挥迫使其处于防守状态，故而发平高球也可以作为进攻的一种手段。

动作要点：

①选位。准备发平高球时，站在距前发球线一米左右、发球场区中线附近，面对着球网，

左脚在前,右脚在后,两脚自然分开(同发高远球一样)。

②引拍。身体重心放在右脚上面,身体自然地微微向后仰,右手向右后侧举起,肘部稍弯曲,左手拿球并自然地在胸前弯曲。发球时,左手把球举在身体靠右前方并放下,使球下落。

③迎球挥拍。同时右手由大臂带动小臂,小臂加速使球拍从右后方向前、并往左前方挥动,如图5-16所示。

7　　6　　5　　4　　3　　2　　1

图4-16　正手发平高球

④球拍触球。当球落到击球员腰部稍下的瞬间,紧握球拍,手腕向前上方、以向前方为主鞭打击球,击球时,其动作比发高远球的动作幅度小。

⑤随势挥拍。击球之后,身体重心也由右脚移至左脚,身体微微向前倾。

⑥回位。当完成一次击球动作之后,根据下一拍来球的具体情况,还原到最佳的位置上。

⑦主要用力部位。发平高球的准备姿势应力求与发高远球的准备姿势相同,以便达到迷惑对手,使对手不易预判准确的目的。发平高球的动作方法与发高远球的动作方法相类似,但发力方向与击球点有些区别。

3. 正手发平快球

特点:把球发得又平又快,使击出的球以略高于球网的低弧线轨迹迅速越过对方场区并落到底线附近。球在空中飞行时,与地面形成的仰角角度不超过30°。

发平快球是抢攻的主要技术之一,由于球的速度快而角度平,可以增加对方回接球难度。在与反应动作较慢、动作偏大的对手相遇时,发平快球往往可以直接创造机会或得分。

动作要点

①选位。发平快球的选位与发平高球的准备动作应力求做到一致。

②引拍。发平快球的引拍动作与发平高球的引拍动作极为相似。

③迎球挥拍。整个动作过程及球拍挥动方向,与正手发高远球、平高球大体相似。区别在于发平快球的时候,当球落到腰部稍下的瞬间,在手臂的快速带动下,靠手腕与手指的突然向前发力。

④球拍触球。在迎球挥拍的基础上进行挥拍击球。

⑤随势挥拍。击球之后，身体重心由右脚移至左脚，身体微微向前倾。手臂由右后下方向左前上方随势挥动。

⑥回位。当完成一次击球动作之后，根据下一拍来球的具体情况，还原到最佳的位置上。

⑦主要用力部位。发平快球的准备姿势，应该力求与发高远球的准备姿势相同，以便达到迷惑对手，使对手不易预判准确的目的。发平快球的动作方法与发高远球的动作方法相类似，但发力方向与击球点与发平高球有些区别。

4. 正手发网前球

特点：把球发到对方发球区内的前发球线附近叫做发网前球。比赛中发网前球可以避免对方接发球时往下压球，限制了对方的一些进攻技术。

动作要点：

①选位。发网前球时，站位稍靠前。

②引拍。由于网前球飞行距离短、弧线低、用力轻，因此前臂挥动的幅度和手腕后伸的程度要比发高远球小。

③迎球挥拍。手臂由右后下方（略微）向左前上方小幅度、快节奏挥出。

④球拍触球。球拍触球时，拍面从右向左斜切击球，使球刚好越网而过，落在对方前发球线附近。

⑤随势挥拍。击球之后，身体重心由右脚移至左脚，身体微微向前倾。手臂由右后下方向左前上方随势挥动。

⑥回位。当完成一次击球动作之后，根据下一拍来球的具体情况，还原到最佳的位置上。

⑦主要用力部位。主要以前臂和手腕的用力为主，上臂和腰用力为辅。

（二）反手发球

上面谈到的发球法都是用正手握拍方法从右后下方朝左上方挥动手臂并发力击球的技术动作，这些称为正手发球。除了正手发球之外，还有一种反手发球法。由于动作结构、解剖因素和力量等原因，一般只是通过反手来发网前球和平球。反手发球多用于双打比赛当中。

1. 反手发网前球

特点：把球发到对方发球区内的前发球线附近叫做发网前球。比赛中发网前球可以避免对方接发球时往下压球，限制了对方的一些进攻技术。

反手发网前球较正手发网前球更便利，击球点更高，更有利于发出高质量的球。

动作要点：

①选位。站位靠近前发球线，左脚或右脚在前均可，身体重心在前脚，上体前倾，后脚跟

提起。

②引拍。右手反握在拍柄稍前部位,肘关节部位提起,手腕稍前屈,球拍低于腰部,斜放在小腹前。左手持球位于球拍面前方。

③迎球挥拍。发球时,球拍由后向前推送击球,使球的飞行弧线最高处略高于球网。

④球拍触球。通过拍面的切削动作使球落到对方场区的前发球线附近。

⑤随势挥拍。手臂由左下方靠近腹部向右前偏上方向推送。

⑥回位。当完成一次击球动作之后,根据下一拍来球的具体情况,还原到最佳的位置上。

⑦主要用力部位。以前臂、手腕的用力为主,上臂、腰用力为辅,如图4-17所示。

图4-17 反手发网前球

2. 反手发平高球

特点:把球发得不太高,使球迅速地越过对方场区空中而落到底线附近。球在空中飞行的时候,与地面所形成的仰角角度大约是45°。

在比赛当中,这种发球可以迫使对方快速移动到底线,从而没有充裕的准备时间去还击来球。发平高球可以限制对方在接发球时使用大力扣杀等进攻技术,所以发平高球也可以作为进攻的一种手段。

在比赛时结合短球运用效果更佳。

动作要点:

①选位。准备发平高球时,站在距前发球线一米左右、发球场区中线附近,面对着球网,右脚在前,左脚在后,两脚自然分开。

②引拍。身体重心放在两脚之间或左脚上,身体自然地微微向后仰;右手向左后侧靠近腹部引拍,肘部稍弯曲;左手拿球自然地放在胸前偏左侧,弯曲手臂。发球时,左手把球举在身体靠左前方并放下,使球下落。

③迎球挥拍。右手同时由大臂带动小臂,以小臂加速球拍从左下方向前、并往右前方挥动。

④球拍触球。当球落到击球员腰部稍下的瞬间,紧握球拍,手腕向前上方、以向前方为主

击球。击球时,其动作比发高远球的动作要小。

⑤随势挥拍。击球之后,身体重心由左脚移至右脚,身体微微向前倾。

⑥回位。当完成一次击球动作之后,根据下一拍来球的具体情况,还原到最佳的位置上。

⑦主要用力部位。发平高球的动作方法与其他发球的动作方法相类似,但发力方向与击球点有所区别。

3. 反手发平快球

特点:把球发得又平又快,使击出的球略高于球网,迅速越过对方场区并落到底线附近。球在空中飞行时,与地面形成的仰角角度不超过30°。

发平快球是抢攻的主要技术之一,由于球的速度快、角度平,可以造成对方措手不及、忙于应付。在与反应动作较慢、动作偏大的对手相遇时,发平球往往可以直接创造机会或得分。

动作要点:

①选位。发平快球的准备动作与发平高球的准备动作一致。

②引拍。发平快球的引拍动作与发平高球的引拍动作一致。

③迎球挥拍。反手发平球时,持拍手臂由左下方靠近腹部向前偏右上方挥动,整个动作过程及球拍挥动方向与反手发平高球大体相似。只是在发平快球的时候,当球落到腰部稍下的瞬间,在手臂的快速带动下,靠手腕与手指突然向前发力。

④球拍触球。发球时,球拍的挥动方向与反手发网前球一样,只是在击球的瞬间,手腕采用弹击力量的方法,拍面角度接近垂直将球击到双打后发球线附近。在迎球挥拍的基础上进行挥拍击球。

⑤随势挥拍。击球之后,身体重心由右脚移至左脚,身体微微向前倾。手臂由左下靠近腹部下方向前偏右上方随势挥动。

⑥回位。当完成一次击球动作之后,根据下一拍来球的具体情况,还原到最佳的位置上。

⑦主要用力部位。

发平快球的准备姿势,应该力求与发平高球的准备姿势相同,只是发力方向与击球点与发平高球有些区别。

三、击球法

发球仅是击球的开始,而真正激烈的争夺是在发球后的接发球或发球抢攻,以及之后的对拉击球上。因此,合理、协调、有力、有效的击球将是运动员夺取最后胜利的最基本的保证。

（一）后场击球技术

1. 后场击高球

击高球是后场基础技术之一。高球分为高远球和平高球，击高远球就是打得又高又远，球飞行至对方底线上空垂直落到场地内底线附近，平高球是从高远球发展而来的，其飞行的速度比高远球快，弧线比高远球低，是后场进攻的有效技术手段之一。

击高球可分为正手、头顶、反手击直线和对角线高球。

（1）正手击直线高球

特点：正手击直线高球是一种积极的防御技术，高球顾名思义就是将球打得很高（6~10米），当球在这种高度时，球从最高点下落时几乎是以垂直方式下降，这会给对手下压进攻造成很大的难度。

动作要点：

①选位。在右后场区击球的位置上，左脚在前，右脚在后，稍屈膝，侧身对网，重心在右脚前掌上面。

②引拍。左手自然上举，头抬起注视来球，右手持拍于身体右侧；击球前，重心下降准备起跳；起跳的同时右臂后引、胸舒展。

③迎球挥拍。当球落至额前上方击球点时，上臂往右上方抬起，肘部领先，前臂自然后摆，手腕尽量后伸，前臂急速内旋往前上方挥动。

④球拍触球。手腕向前鞭打发力（握紧球拍）击球托的后部，使球朝直线方向飞去。

⑤随势挥拍。击球后，手臂随惯性自然回收至胸前，如图4-18所示。

⑥回位。当完成一次击球动作之后，根据下一拍来球的具体情况，还原到最佳的位置上。

⑦主要发力部位。正手击直线高球是一个全身各部位协调用力击球的过程，需要全身各个部位参与。

（2）正手击对角高球

正手击对角高球的特点与正手击直线高球是相同的，其动作要点中选位、引拍、迎球挥拍、随势挥拍、回位等动作要点也与正手击直线高校的动作要点一致。只是在球拍触球时，需要做到手腕控制击球托的右侧下部，使球向对角方向飞行。

图4-18　正手击直线高球

（3）正手头顶击直线高球

特点：正手头顶击直线高球是解决反手弱点的一种有效的手段。在这个部位的球往往不用反手击球，而是利用正手头顶来解决反手上空的来球。正手与反手相比较，正手在击球力量、活动范围等方面较反手更为突出，所以采用该技术对争取主动极为有利。

动作要点：

①选位。由于来球是飞往后场区，击球点应选择在头顶部位。

②引拍。基本准备姿势和动作要领与正手击高球相似，但击球前要求上体稍弓身后仰，以便更好地发力。

③迎球挥拍。右上臂向后上方抬起，球拍由右后方绕过头顶，前臂向前上方经内旋带动手腕突然屈收。

④球拍触球。鞭打发力，击球托的后部，使球以直线方向飞行。

⑤随势挥拍。击球后，由于前臂内旋明显，惯性作用大，手臂自然往前摆动。回收球拍时，前臂稍外旋，将拍置于胸前，如图4-19所示。

图4-19　正手头顶击直线高球

⑥回位。当完成一次击球动作之后，根据下一拍来球的具体情况，还原到最佳的位置上。

⑦主要发力部位。该动作是一个全身各部位协调用力的击球动作，因此需要全身各个部位参与其中，以腰部的侧背弓发力为主。

（4）正手头顶击对角高球

其特点与正手头顶走直线高球的特点相同，动作要点也基本一致，其中，在球拍触球时，需用拇指和食指向左捻动拍把，使虎口对准拍把靠外的小棱边，球拍仍由右后绕过头顶，前臂向右前方内旋带动手腕屈收鞭打发力，击球托的左后部，使球飞往对角线方向。

（5）反手击高远球

特点：反手击高远球通常是在双方快节奏相持对拉的情况下，来不及用头顶击球技术或者是被对方假动作"骗"过时，也可能是在对方攻击自己反手位较深、较平、较远的时候使用。它通常能起到转被动为相持的作用。

动作要点：

①选位。看准对方的来球落向左后场区的时候，迅速把身体转向左后方，移动到适合的击球位置，背对球网。

②引拍。用反手握拍法握拍，最后一步右脚跨向左后方，球拍由身前举到左肩附近。

③迎球挥拍。以大臂带动前臂转动，击球时前臂由左肩上方往下绕半弧形。

④球拍触球。手指紧握球拍，击球点应在右肩上方为好，以手腕往右后上方或者根据还击的需要掌握好球拍的角度鞭打进行击球，把球击向身体的后上方。

⑤随势挥拍。击球后，转身，手臂回收至胸前。

⑥回位。当完成一次击球动作之后，根据下一拍来球的具体情况，还原到最佳的位置上。

⑦主要发力部位。以腰、背部及整条持拍手臂的伸肌发力为主。

（6）正手击平高球

特点：击平高球与击高远球一样，它们两者的特点也基本相似，只是击平高球较高远球节奏、速度更快,给对方造成的威胁更大,身体素质较好的选手通常采用这种技术击球。

动作要点:

①选位。在右后场区击球的位置上,左脚在前,右脚在后,稍屈膝,侧身对网,重心在右脚前掌上面。

②引拍。左手自然上举,头抬起注视来球,右手持拍于身体右侧。击球前,重心下降准备起跳。起跳的同时右臂后引、胸部舒展。

③迎球挥拍。当球落至额前上方击球点时,上臂往右上方抬起,肘部领先,前臂自然后摆,手腕尽量后伸,前臂急速内旋往前上方挥动。

④球拍触球。在击球的一刹那,手腕是向前用力而不是向前上方用力,这也是与高远球区别较大的地方之一。

⑤随势挥拍。击球后,手臂随惯性自然回收至胸前。

⑥回位。当完成一次击球动作之后,根据下一拍来球的具体情况,还原到最佳的位置上。

⑦主要发力部位。正手击平高球是一个全身各部位协调用力的击球动作,因此它动员了全身各个部位。它与击高远球的主要用力部位的区别是:腰、髋、肩、肘、腕的动作幅度较高远球大。

(7)正手头顶击平高球

特点:正手头顶击平高球与击平高球的区别是来球多半在自己的反手位上空,因此需要选手在击球时要使用侧背弓动作。

动作要点:

①选位。在左后场区击球的位置上,左脚在前,右脚在后,稍屈膝,侧身对网,重心在左脚前掌上面。

②引拍。左手自然上举,头抬起注视来球,右手持拍于身体右侧。击球前,重心下降准备起跳。起跳的同时右臂后引、胸部舒展。

③迎球挥拍。右上臂向右后上抬,球拍由右后绕过头顶,前臂向前上方经内旋带动手腕突然屈收。当球落至额前上方击球点时,上臂往右上方抬起,肘部领先,前臂自然后摆,手腕尽量后伸,前臂急速内旋往前上方挥动。

④球拍触球。在击球的一瞬间,手腕是向前用力而不是向前上方用力。

⑤随势挥拍。击球后,由于前臂内旋明显,惯性作用大,手臂自然往前摆动。回收球拍时,前臂稍外旋,将拍置于胸前。

⑥回位。当完成一次击球动作之后,根据下一拍来球的具体情况,还原到最佳的位置上。

⑦主要发力部位。以腰部的侧背弓发力为主。

(8)反手击平高球

特点：反手击平高球与反手击高远球基本相同。

动作要点：

在选位、引拍、迎球挥拍等动作方面，与反手击高远球相一致。

反手击平高球与反手击高远球动作的发力主要区别在于前者腰背手臂的伸动作更为明显。

2. 吊球

把对方击来的高球，从后场通过轻击、轻切、轻劈到对方的近网附近区域，叫做吊球。

吊球根据其动作方法和球的飞行弧线的不同可分为劈吊、拦吊、轻吊（其中每一项都包括正手、头顶、反手等方法）。

（1）劈吊

特点：劈吊击球前动作和打高球、杀球相似。击球时用力较轻，带有劈切动作，球的落点一般离网较远（相对于拦吊与轻吊而言）。

动作要点：

①选位。在右后场区击球的位置上，左脚在前，右脚在后，稍屈膝，侧身对网，重心在右脚前掌上面。

②引拍。左手自然上举，头抬起注视来球，右手持拍于身体右侧。击球前，重心下降准备起跳。起跳的同时右臂后引、胸舒展。

③迎球挥拍。当球落到右手臂向上自然伸直的高度时，手腕快速做切削动作。

④球拍触球。使拍面与球托的右侧或左侧接触而把球击出去就完成了劈吊动作。拍形略后仰，拍面朝向左面，使用切击的动作进行击球。

⑤随势挥拍。击球后，手臂随惯性自然回收至胸前。

⑥回位。当完成一次击球动作之后，根据下一拍来球的具体情况，还原到最佳的位置上。

⑦主要发力部位。前半段发力与击高远球等上手击球动作几乎一致，用以配合假动作迷惑对手（指击球前）；后半段发力则主要以前臂、手腕的动作为主（指击球时及击球后）。

（2）拦吊（也叫拦截吊）

特点：拦吊通常是把对方击来的平高球拦截回去，落点一般离球网较近。

动作要点：

①选位。在右后场区击球的位置上，左脚在前，右脚在后，稍屈膝，侧身对网，重心在右脚前掌上面。

②引拍。手臂突然上举，头抬起注视来球，右手持拍快速上举拦截通过自己身体或上空的来球。击球前，重心下降准备起跳拦截。

③迎球挥拍。当球飞到自己身体或头顶上空时，手腕做轻轻拦击或粘击动作。

④球拍触球。击球时拍面正对来球,当拍面和球接触时,只要轻轻拦切或粘击,球即以较平的弧线、较快的速度越过球网垂直下落。

⑤随势挥拍。击球后,手臂随惯性自然回收至胸前。

⑥回位。当完成一次击球动作之后,根据下一拍来球的具体情况,还原到最佳的位置上。

⑦主要发力部位。与劈吊相同。

(3)轻吊

特点:轻吊击球前,动作和打高球相似,落点离网较近。

动作要点:

①选位。在右后场区击球的位置上,左脚在前,右脚在后,稍屈膝,侧身对网,重心在右脚前掌上面。

②引拍。左手自然上举,头抬起注视来球,右手持拍于身体右侧。击球前,重心下降准备起跳。起跳的同时右臂后引、胸舒展。

③迎球挥拍。当球落到右手臂向上自然伸直的高度时,手腕快速做轻抹动作。

④球拍触球。击球时,拍面正对来球,在接触球的一刹那,突然减速轻抹或轻粘来球,使球刚一过网就下落。

⑤随势挥拍。击球后,手臂随惯性自然回收至胸前。

⑥回位。当完成一次击球动作之后,根据下一拍来球的具体情况,还原到最佳的位置上。

⑦主要发力部位。与劈吊发力部位相同。

吊球根据出手的位置和球落向的位置又可分为:正手吊直线球、正手吊对角线球、头顶吊直线球、头顶吊对角线球、反手吊直线球、反手吊对角线球,等等。

3. 扣杀球

扣杀球是把高球用力向前下方重力击、切来球。这种击球速度快、力量大。比赛中,扣杀球可以直接得分,也可以使对方处于被动防守的状态。

扣杀球从击球点距身体的位置可分为:正手扣杀、头顶扣杀和反手扣杀;从击球力量的大小可分为:大力杀、轻杀、劈杀、点杀、开网大力杀等。

(1)正手侧身扣杀直线球

特点:与正手击高球相似。

动作要点:

①选位。在右后场区击球的位置上,左脚在前,右脚在后,稍屈膝,侧身对网,重心在右脚前掌上面。

②引拍。左手自然上举,头抬起注视来球,右手持拍于身体右侧。击球前,重心下降准备

起跳。起跳的同时右臂后引、胸舒展。

③迎球挥拍。当球落至前额上方击球点时,上臂往右上方抬起,肘部领先,前臂自然后摆,手腕尽量后伸,前臂急速内旋往前下方挥动。

④球拍触球。球拍正面击球托的后部,无切击,使球沿直线向前下方快速飞行。

⑤随势挥拍。击球后,手臂随惯性自然回收至胸前。

⑥回位。当完成一次击球动作之后,根据下一拍来球的具体情况,还原到适当的位置上。

⑦主要发力部位。右脚起跳后,身体后仰成反弓后收腹用力,靠腰腹带动大臂、大臂带动前臂、前臂带动手腕,形成向下鞭打的用力。

（2）头顶扣杀直线球

特点:与同头顶击高球相同。

动作要点:

①选位。在右后场区击球的位置上,左脚在前,右脚在后,稍屈膝,侧身对网,重心在右脚前掌上面。

②引拍。左手自然上举,头抬起注视来球,右手持拍于身体右侧。击球前,重心下降准备起跳。起跳的同时右臂后引、胸舒展。

③迎球挥拍。当球落至前额上方击球点时,上臂往右上方抬起,肘部领先,前臂自然后摆,手腕尽量后伸,前臂急速内旋往前下方挥动。挥拍击球时,靠腰腹带动大臂、前臂、手腕的鞭打动作,全力往直线下方击球。

④球拍触球。球拍正面击球托的后上部,无切击或轻微切击,使球沿对角线向右前下方快速飞行,拍面和击球用力方向水平面的夹角小于90°,如图4-20所示。

图4-20 头顶扣杀直线球

59

⑤随势挥拍。击球后，手臂随惯性自然回收至胸前。

⑥回位。当完成一次击球动作之后，根据下一拍来球的具体情况，还原到适当的位置上。

⑦主要发力部位。右脚起跳后，身体后仰成反弓后收腹用力，靠腰腹带动大臂、大臂带动前臂、前臂带动手腕，加速内旋，形成向下鞭打的用力。

（3）反手扣杀球

特点：与反手击高球基本相同。

动作要点：

①选位。看准对方的来球落向左后场区时，迅速把身体转向左后方，移动到适合的击球位置，背对球网。

②引拍。用反手握拍法握拍，最后一步右脚跨向左后方，球拍由身前举到左肩附近。

③迎球挥拍。以大臂带动前臂转动，击球时前臂由左肩上方往下绕半弧形，击球前的挥拍用力要大，身体反弓加上手臂、手腕的延伸和外展，鞭打也要用力。

④球拍触球。手指紧握球拍，击球点应在右肩上方为好，可向对方的直线或对角线的下方用力，击球瞬间球拍与扣杀球方向的水平夹角小于90°，如图4-21所示。

图4-21

⑤随势挥拍。击球后，转身，手臂回收至胸前。

⑥回位。当完成一次击球动作之后，根据下一拍来球的具体情况，还原到适当的位置。

⑦主要发力部位。反手扣杀球是一个全身各部位协调用力的击球动作，因此它动员了全身各个部位，尤其以腰背部及整条持拍手臂的伸肌发力为主。

（4）正手腾空突击扣杀

特点：该技术利用较高的击球点及身体下落产生的势能来提高杀球的力量及威胁性。

动作要点：

①选位。击球前，右脚稍前，左脚稍后，身体稍前倾、屈膝，重心落在右脚上，准备起跳。

②引拍。起跳后，身体向右后方腾起，上身向右后仰成反弓形，右臂向右上抬，肩尽量后拉。

③迎球挥拍。当右臂及肩后拉到最大限度时，利用身体的反弓弹性及手臂、肩的肌肉回弹力量，顺势向来球方向随势挥出。

④球拍触球。击球时，前臂快速举起，压腕鞭打高速向前下方击球。

⑤随势挥拍。击球后，屈膝缓冲，右脚右侧着地，重心在右脚前；左脚在左侧前着地，并迅速还原，如图4-22所示。

图4-22 正手腾空突击扣杀

⑥回位。当完成一次击球动作之后，根据下一拍来球的具体情况，还原到适当的位置上。

⑦主要发力部位。以腿的蹬地起跳开始，辅以腰腹的背弓反弹，借助肩、手臂的牵拉发力。

（二）前场击球技术

前场技术包括网前的放、搓、推、勾、扑、挑球等技术。其中搓、推、勾、扑属进攻技术，要求击球前期动作有一致性，击球瞬间产生突变，握拍要活，动作细腻，手腕、手指要灵巧，以控制好球的落点。网前进攻威胁较大,因球飞行距离短,落地快,常使对手措手不及,直接得分;即使不能直接得分,也能迫使对方被动回球,创造下一拍进攻的机会。若网前进攻和中后场进攻能紧密地配合起来,则能发挥前后场的连续进攻,掌握主动权。

1. 正手放网前球

特点:动作稳健,命中率高,是初学者处理网前球的基础技术。

动作要点:

①选位。身体站位距网较近,侧对球网,右腿跨成弓箭步,重心放在右脚,正手握拍,做好放网前球准备。

②引拍。球拍随着前臂向右前上方斜举,当球拍举至最高点时,前臂开始外旋转动,手腕稍后伸,左臂自然后伸,起平衡作用,这就是网前进攻技术击球前期动作的一致性。

③迎球挥拍。根据来球情况,将持拍手臂伸向来球,准备击球。

④球拍触球。击球时,前臂稍外旋,握拍手的食指和拇指夹住球拍,中指、无名指、小指轻握拍柄,使球拍在手腕和手指的挥摆用力下,轻击球托把球轻送过网。挥拍的力量、速度和拍面角度的大小,主要取决于来球离网的远近和速度的快慢。来球离网远,速度快些,则放球时的力量要大些,反之则力量小些。

⑤随势挥拍。由于放网前球动作较小,惯性亦较小,所以击球后沿着击球用力方向的击球动作也较小,甚至有时有停顿动作。

⑥回位。击球后,身体还原至准备姿势。

⑦主要发力部位。前臂和手腕为主要发力部位,有时为了动作隐蔽,主要以手腕用力为主。

2. 反手放网前球

特点:反手放网前球在动作上较比正手放网前球动作更为短小,因此也相对较为隐蔽。在可用正手、反手放网前球时,运动员多采用反手放网前球。

动作要点:

①选位。身体站位距网较近,侧对球网,右腿跨成弓箭步,重心放在右脚,反手握拍,反面迎球,做好放网前球准备。

②引拍。球拍随着前臂向右前上方斜举,当球拍举至最高点时,前臂开始外旋转动,手腕稍后伸,左臂自然后伸,起平衡作用。

③迎球挥拍。根据来球情况,将持拍手臂伸向来球,准备击球。

④球拍触球。击球时,主要靠前臂的前伸、外旋和手腕由内收至外展的合力,轻击球托底部把球轻送过网。

⑤随势挥拍。由于放网前球动作较小,惯性亦较小,所以击球后沿着击球用力方向的击

球动作也较小,甚至有时有停顿动作。

⑥回位。击球后,整个动作还原成下次击球的准备姿势。

⑦主要发力部位。前臂和手腕为主要发力部位,有时为了动作隐蔽,主要以手腕用力为主。

3. 正手网前搓球

特点:动作隐蔽,回球质量高,使球滚网而过,给对手造成巨大威胁。是处理网前球的最好手段之一。

动作要点:

①选位。身体站位距网较近,侧对球网,右腿跨成弓箭步,重心放在右脚,正手握拍,做好搓球准备。

②引拍。球拍随着前臂向右前上方斜举,当球拍举至最高点时,前臂开始外旋转动,手腕稍后伸,左臂自然后伸,起平衡作用。

③迎球挥拍。击球前,前臂稍外旋,手腕由内收至外展的合力。

④球拍触球。击球时在正手放网前球动作的基础上,加快挥拍,搓切来球的右下底部,使球旋转翻滚过网,如图4-23所示。

图4-23 正手网前搓球

⑤随势挥拍。由于搓网前球动作较小,惯性亦较小,所以击球后沿着击球用力方向的击球动作也较小,甚至有时有停顿动作。

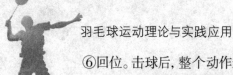
⑥回位。击球后，整个动作还原成下次击球的准备姿势。

⑦主要发力部位。前臂和手腕为主要发力部位，有时为了动作隐蔽，主要以手腕用力为主。

4. 反手网前搓球

特点：反手网前搓球在动作上较比正手网前搓球动作更为短小，因此也相对较为隐蔽，在可用正手、反手搓网前球时，运动员多采用反手搓球。

动作要点：

①选位。身体站位距网较近，侧对球网，右腿跨成弓箭步，重心放在右脚，反手握拍，做好搓球准备。

②引拍。球拍随着前臂向右前上方斜举，当球拍举至最高点时，前臂开始外旋转动，手腕稍后伸，左臂自然后伸，起平衡作用。

③迎球挥拍。击球前主要靠前臂的前伸外旋和手腕由内收至外展的合力。

④球拍触球。搓击球的右侧后底部，使球侧旋滚动过网。另外还可以前臂稍伸直，手腕由外展到内收，带动球拍向前切送，击球托的后底部，使球下旋滚动过网，如图4-24。

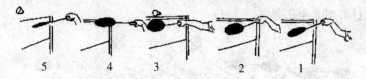

图4-24　反手网前搓球

⑤随势挥拍。由于搓网前球动作较小，惯性亦较小，所以击球后沿着击球用力方向的击球动作也较小，甚至有时有停顿动作。

⑥回位。击球后，整个动作还原成下次击球的准备姿势。

⑦主要发力部位。前臂和手腕为主要发力部位，有时为了动作隐蔽，主要以手腕用力为主。

5. 正手网前推球

（1）推直线

特点：击球点高，手腕由外展到内收，动作短促，有点类似弹击动作，隐蔽性高，威胁大。

动作要点：

①选位。身体站位距网较近，侧对球网，右腿跨成弓箭步，重心放在右脚，正手握拍，做好推球准备。

②引拍。球拍向右侧前上方举起。在肘关节微屈回收时，前臂稍外旋，手腕稍后伸，球拍也随着往右后方摆动，拍面正对来球。这时，小指和无名指稍松开，使拍柄稍离开鱼际肌。

③迎球挥拍。在推击球时，便于发挥指力的作用。拇指和食指稍向外捻动拍柄，拍面更为

后仰。

④球拍触球。推球时，身体稍往前移，右前臂往前伸，并带内旋，手腕和手指控制拍面角度，手腕伸直并闪腕，食指向前压和小指、无名指突然握紧拍柄，拍子急速地由右经前上至左的挥动推球，使球沿边线飞向对方后场底角，如图4-25所示。

图4-25　正手网前推直线球

⑤随势挥拍。由于推网前球动作较小，惯性亦较小，所以击球后沿着击球用力方向的击球动作也较小，甚至有时有停顿动作。

⑥回位。击球后，整个动作还原成下次击球的准备姿势。

⑦主要发力部位。前臂和手腕为主要发力部位，有时为了动作隐蔽，主要以手腕用力为主。

（2）推对角线

其特点、动作要点与正手网前推直线球相同，只是在击球线路上存在不同。

6.反手网前推球

也分为推直线和推对角线两种。其特点动作要点与正手推网前球相似，区别在于握拍方式不同，如图4-26所示。

图4-26　反手网前推球

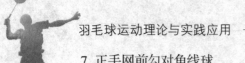

7. 正手网前勾对角线球

特点：击球点低，动作简短，有点类似半弹击动作，隐蔽性极高，威胁大。

动作要点：

①选位。身体站位距网较近，侧对球网，右腿跨成弓箭步，重心放在右脚，正手握拍，做好勾对角球准备。

②引拍。前臂前伸的同时稍外旋，手腕稍后伸，将拍把稍向外捻动，使拇指贴在拍柄的宽面上，而食指的第二指关节贴在拍柄的背面宽面上，拍柄不触掌心。

③迎球挥拍。球拍向右侧前方挥动，拍面朝向对方右网前。

④球拍触球。击球时，靠前臂稍内旋向左拉收，手腕由稍后伸至内收闪腕挥拍拨击球托的右侧下部，使球沿网的对角线飞行。拨击球时，手腕要控制拍面角度。

⑤随势挥拍。由于勾对角球动作较小，惯性亦较小，所以击球后沿着击球用力方向的击球动作也较小，甚至有停顿动作。

⑥回位。击球后，整个动作还原成下次击球的准备姿势。

⑦主要发力部位。前臂和手腕为主要发力部位，有时为了动作隐蔽，主要以手腕发力为主。

8. 反手网前勾对角线球

特点：击球点低，动作短促，有点类似半弹击动作，隐蔽性极高，威胁大。

动作要点：

①选位。身体站位距网较近，侧对球网，右腿跨成弓箭步，重心放在右脚，反手握拍，做好勾对角球准备。

②引拍。采用反手握拍法，随着前臂前伸球拍平举。在身体前移的过程中，球拍随手臂下沉，由反手握拍变成反手勾球的握拍法，这时拍面正对来球。

③迎球挥拍。球拍向右侧前方挥动，拍面朝向对方右侧网前。

④球拍触球。击球时，前臂稍内旋往左拉收，手腕由稍后伸至内收闪腕挥拍拨击球托的右侧下部，使球沿网的对角线飞行。拨击球时，手腕要控制拍面角度，如图4-27所示。当来球过网时，肘部突然下沉，同时前臂稍外旋，手腕由微屈至后伸闪腕，拇指内侧和中指把拍柄往右侧一拉，其他手指突然握紧拍柄，拨击球托的左侧后部，使球沿对角线过网，如图4-28所示。

⑤随势挥拍。由于勾对角球动作较小，惯性亦较小，所以击球后沿着击球用力方向的击球动作也较小，甚至有停顿动作。

⑥回位。击球后，还原到击球前的准备姿势。

图4-27　反手网前勾对角线球

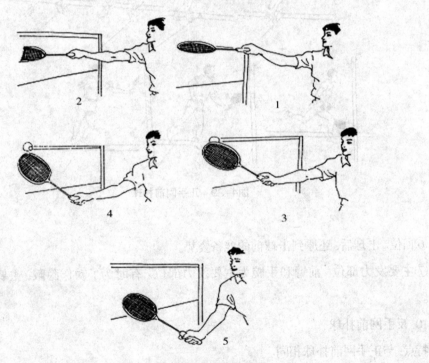

图4-28　反手网前勾对角线球

⑦主要发力部位。前臂和手腕为主要发力部位。有时为了动作隐蔽,主要以手腕发力为主。

9. 正手网前扑球

特点:击球点高,动作短促,手腕弹击下压,威胁大,往往可直接得分。

动作要点:

①选位。身体站位距网较近。左脚先蹬离地面，然后右脚向右侧网前蹬跃而起扑球。

②引拍。当身体前倾时，拍面朝前，球拍随手臂往右前方伸，斜上举起。蹬跳后，身体凌空跃起。

③迎球挥拍。前臂往前上伸稍外旋，腕关节后伸，同时虎口对着拍柄的宽面，小指和无名指稍松开，使拍柄离开鱼际肌。

④球拍触球。击球时，手腕由后伸至外展。随着手腕的闪动，球拍从右侧向左前方挥动，这时击球的力量主要靠身体前扑的冲力与前臂、手腕鞭打击球的合力。如果球离网顶较近，那就要靠手腕从右前平行球网向左前的滑动挥拍扑球。这样可避免球拍触网违例。

⑤随势挥拍。扑球后，球拍随手臂往右侧前下回收，如图4-29所示。

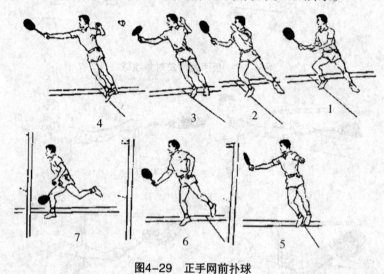

图4-29 正手网前扑球

⑥回位。击球后，还原到击球前的准备姿势。

⑦主要发力部位。前臂和手腕为主要发力部位。有时为了动作隐蔽，主要以手腕发力为主。

10. 反手网前扑球

特点：与正手网前扑球相同。

动作要点：

①选位。身体站位距网较近。同正手网前扑球相似，不同在于方向在左侧网前。

②引拍。左脚先蹬离地面，然后右脚向右侧网前蹬跃而起扑球。当身体前倾时，拍面朝前，球拍随手臂往右前方伸，斜上举起。蹬跳后，身体凌空跃起。

③迎球挥拍。反手握拍，持于左侧前，当身体向左前方跃起时，球拍随着前臂前伸而前

68

举，手腕外展，拇指顶压在拍柄的宽面上，食指和其他三指并拢，拍面正对来球。

④球拍触球。击球时，手臂伸直，手腕由外展至内收闪动，手指握紧拍柄，拇指顶压，加速挥拍扑击。击球后马上屈肘，手腕由内收至外展，球拍放松回收（以免触网违例）至身体前，如图4-30所示。

图4-30 反手网前扑球

⑤随势挥拍。扑球后，球拍随手臂往右侧前下方回收。

⑥回位。击球后，还原到击球前的准备姿势。

⑦主要发力部位。前臂和手腕为主要发力部位。有时为了动作隐蔽，主要以手腕发力为主。

11. 正手网前挑高球

特点：击球点较低，动作鞭打有力，回球弧线曲度大。

动作要点：

①选位。身体站位距网较近，侧对球网，右腿跨成弓箭步，重心放在右脚，正手握拍，做好挑高球准备。

②引拍。击球前前臂充分外旋，手腕尽量后伸。

③迎球挥拍。从右下向右前方至左上方挥拍击球。球拍向右前上方挥动。

④球拍触球。球拍拍形后仰，从后下方向前上方触击球托。

⑤随势挥拍。击球后，球拍随势向挑球的用力方向挥动。

⑥回位。击球后，还原到击球前的准备姿势。

⑦主要发力部位。前臂和手腕为主要发力部位。有时为了动作隐蔽,主要以手腕发力为主。

12. 反手网前挑高球

特点:与正手网前挑高球相同。

动作要点:

①选位。身体站位距网较近,侧对球网,右腿跨成弓箭步,重心放在右脚,反手握拍,做好挑高球准备。

②引拍。击球前前臂充分内旋,手腕尽量后伸。

③迎球挥拍。击球前右臂往左后方拉,抬肘引拍。击球时前臂充分内旋,手腕由屈至后伸,闪动挥拍击球。球拍由左下方向右前上方挥动。

④球拍触球。球拍拍形后仰,从后下向前上触及球托。

⑤随势挥拍。击球后,球拍随势向挑球的用力方向挥动。

⑥回位。击球后,还原到击球前的准备姿势。

⑦主要发力部位。前臂和手腕为主要发力部位。有时为了动作隐蔽,主要以手腕发力为主。

(三)中场击球技术

中场击球技术大致可分为:挡网前球技术、挑高球技术、抽球技术、快打技术。

1. 挡网前球技术

(1)正手挡直线网前球技术

特点:该技术多用于接对方扣杀球,是一种快速应付对方威胁性较大的来球时使用的技术。

动作要点:

①选位。接球前用接扣杀球的步法移至右场区边线。

②引拍。身体右倾,手臂右伸,前臂外旋,手腕外展。

③迎球挥拍。前臂内旋稍翻腕,带动球拍由右下向前上方推送击球,把球挡向直线网前;也可以在击球时前臂由外旋到内收,带动球拍由右向前切送挡直线网前。

④球拍触球。击球时,球拍拍形后仰,从后下方向前上方触击球托。

⑤随势挥拍。击球后,身体左转成正面对网,然后右脚上前一步,球拍随身体向左转收至身体前,如图4-31所示。

图4-31 正手挡直线网前球技术

⑥回位。击球后,还原到击球前的准备姿势。

⑦主要发力部位。以手腕、手指的发力为主。

(2)正手挡对角网前球技术

特点:与正手挡直线网前球技术特点相同。

动作要点:

其选位、引拍等动作要点与挡直线网前球技术相同,只在挥拍击球时,在肘关节屈收的同时前臂稍旋内,手腕由后伸到内收,闪动击球托的右侧。击球点在右侧前,手腕、手指控制拍面角度,使球向对角线网前坠落,如图4-32所示。

图4-32 正手挡对角网前球技术

(3)反手挡直线网前球技术

特点:其特点与正手挡直线网前球技术相同。

动作要点:

①选位。用接扣杀球的步法移至左场区边线。

②引拍。身体右倾,手臂右伸,前臂外旋,手腕外展。

③迎球挥拍。身体左转前倾,右肩对网,右肘弯曲,手腕外展,引拍至左肩前上方。

④球拍触球。击球时,借对方来球的冲力,以前臂带动球拍由左上方向左前方用拇指的顶力挥拍轻击球托,把球挡回直线网前,如图4-33所示。

图4-33　反手挡直线网前球技术

⑤随势挥拍。击球后,身体右转成正对球网,然后左脚上前一步,球拍随身体向右转收至身体前。

⑥回位。击球后,还原到击球前的准备姿势。

⑦主要发力部位。以手腕、手指的发力为主。

(4)反手挡对角网前球技术

特点:其特点与反手挡直线网前球技术相同。

动作要点:

其选位、引拍等动作与反手挡直线网前球技术相同,只有击球时,手腕由外展到后伸,闪动挥拍击球托的左侧下部,使球向对角网前坠落。

2. 挑高球技术

(1)正手接杀挑直线后场高球技术

特点:该技术多用于接扣杀球。

动作要点:

①选位。当对方杀右边线球时,右脚向右侧跨一大步到位。

②引拍。随步法移动往右侧伸拍,右臂稍向右后方摆动的同时稍带有外旋,手腕后伸到最大限度,使球拍迅速后摆,紧跟着右前臂急速向前挥动,略有外旋,手腕向后方伸直,闪腕。这时,肘起着"支点"作用,拍面对准来球。

③迎球挥拍。击球托的中下部,使球向直线高远方向飞行。

④球拍触球。击球时,手腕由外展到后伸,闪动挥拍击球。

⑤随势挥拍。击球后,前臂内旋,球拍往体前上方挥动,球拍回收至体前,如图4-34所示。

⑥回位。击球后,还原到击球前的准备姿势。

⑦主要发力部位。以前臂、手腕的弹击、鞭打为主。前臂和上臂之间形成杠杆用力形式。

图4-34 正手接杀挑后场高球技术

（2）反手接杀挑后场高球技术

特点:其特点与正手接杀挑直线后场高球技术相同。

动作要点:

其选位、引拍等动作与正手相同,只有在击球时,上臂支撑,前臂急速往右前方挥摆,手腕由外展至后伸闪动,握紧球拍,加上拇指的顶力,全速挥拍击球,使球向直线方向飞行。若向对角线方向挥拍,则球向对角线方向飞行。

3. 抽球技术

（1）正手平抽球技术

特点:该技术动作鞭打用力,动作速度快,常用于相持时的快速回击。

动作要点:

①选位。两脚平行站立稍宽于肩,右脚稍向右侧迈出一小步。

②引拍。上身稍往右侧倾斜,右臂向右侧上摆。

③迎球挥拍。球拍上举,肘关节保持一定角度,击球前肘关节前摆,前臂稍往后带外旋,手腕稍外展至后伸,引拍至身体后方。

④球拍触球。击球时前臂内旋,手腕伸直闪动,手指抓紧拍柄,球拍由右后往右前方高速平扫来球。

⑤随势挥拍。击球后,球拍顺势盖过去向左边摆动,左脚往左前跟进一步,准备迎击第二次来球,如图4-35所示。

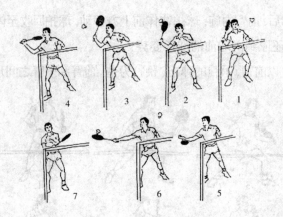

图4-35　正手平抽球技术

⑥回位。击球后，还原到击球前的准备姿势。

⑦主要发力部位。以上臂、前臂、手腕的整体横向鞭打动作为主，配合同侧腿蹬地，腰、髋的快速转动为辅。

（2）反手平抽球技术

特点：其特点与正手平抽球技术相同。

动作要点：

①选位。右脚前交叉在左前侧，重心在左脚上，右手反手握拍在左前侧。

②引拍。上身稍往右侧倾斜，右臂向右侧上摆。

③迎球挥拍。击球前肘部稍上抬，前臂内旋，手腕外展，引拍至左侧。

④球拍触球。击球时，在髋的右转带动下，前臂外旋，手腕由外展到伸直闪动，挥拍击球托的底部。击球后，球拍随身体的回动收回到右前侧，如图4-36所示。

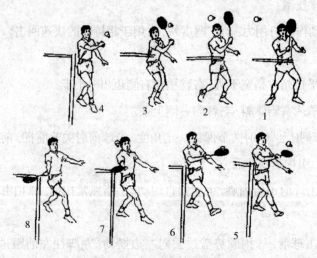

图4-36　反手平抽球技术

⑤随势挥拍。击球后,球拍顺势向左边摆,左脚往左前跟进一步,准备迎击第二次来球。

⑥回位。击球后,还原到击球前的准备姿势。

⑦主要发力部位。以上臂、前臂、手腕的整体横向鞭打动作为主,配合同侧脚蹬地、腰、髋的快递转动为辅。

4. 快打技术

（1）正手快打技术

特点:上手动作快,动作短促,引拍动作极小,主要是前臂手腕用力,多用于双打网前、中场相持时的快速回击。

动作要点:

①选位。两脚分开,右脚稍前,左脚在后,两膝弯曲成半蹲式。

②引拍。正手握拍(虎门对宽面),举起球拍,球拍上举经过头顶,往头后引至右后侧下方,手握拍较松。当预判来球是在头顶上方时,身体稍往前移,同时左脚往前跨一小步,右脚稍微伸直成左弓箭步,把击球点选在右肩的前上方。

③迎球挥拍。击球前肘部稍上抬,前臂内旋,手腕外展,引拍至左侧。

④球拍触球。击球时前臂向前,手腕由后伸至前屈,闪动挥拍击球托的后部,使球平直、急速地飞向对方中场区的附近。

⑤随势挥拍。击球后,球拍随势前盖,右脚往左前方迈一步,站在中线两侧稍偏后的位置上,球拍由左下回举至前上方,准备迎击下一次的来球,如图4-37所示。

图4-37 正手快打技术

⑥回位。击球后,还原到击球前的准备姿势。

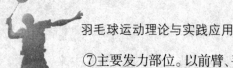

⑦主要发力部位。以前臂、手腕的发力为主。

（2）反手快打技术

特点：其特点与正手快打技术相同。

动作要点：

①选位。两脚平行站在左场区，重心在右脚，举拍于右侧前方。

②引拍。向自己的反手位头上方引拍。

③迎球挥拍。当预判来球是在左场区时，右前臂往左摆，身体稍向左转至右肩对网，左脚也往左侧迈一小步，前臂内旋，手腕外展引拍于左侧后方。

④球拍触球。击球时，前臂外旋，手腕伸直闪动，手指突然抓紧拍柄，前盖球托后部，使球比较平直地向前飞行。击球后，球拍由右下方回举至前上方，准备下一次击球，如图4-38所示。

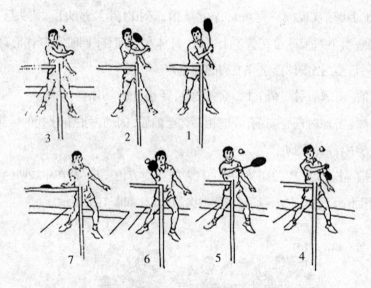

图4-38　反手快打技术

⑤随势挥拍。击球后，球拍随势前盖，右脚往左前方迈一步，站在中线两侧稍偏后的位置上，球拍由左下方回举至前上方，准备迎击下一次的来球。

⑥回位。击球后，还原到击球前的准备姿势。

⑦主要发力部位。以上臂、前臂、手腕的整体横向鞭打动作为主，配合同侧腿蹬地，腰髋的快速转动为辅。

（四）被动击球技术

被动击球技术是指在位置、时间、用力等方面均处于不利的情况下完成的一种应急技术。被动击球技术分为网前被动击球技术、后场被动击球技术和网前被动挑高球。

1. 网前被动击球技术

(1) 正手网前被动勾对角线技术

特点：击球点特别低，来球靠近球网时，多采用该技术"救"球。

动作要点：

①选位。步法加快，步幅加大，身体尽量前倾，重心落在右脚上，左脚尖内侧着地，左膝贴近地面成弓箭步。

②引拍。持拍手臂及球拍置于腹前，做好击球准备。

③迎球挥拍。右手正握球拍尽量前伸，前臂外旋，手腕外展，左手后伸保持平衡。

④球拍触球。击球时，以前臂内旋和手腕内收及食指回勾，在贴近地面处挥拍击球托的右后底部，把球勾回对方网前。

⑤随势挥拍。击球后的动作极小，几乎与击球时的动作相反，只是手腕略有向用力方向随势挥动的动作。

⑥回位。击球后，还原到击球前的准备姿势。

⑦主要发力部位。以前臂、手腕的外展到内收的用力为主。

(2) 反手网前被动勾对角线技术

特点：其特点与正手网前被动勾对角线技术的特点相同。

动作要点：

①选位。步法、身体姿势与正手网前勾对角线技术动作相似。

②引拍。持拍手臂及球拍置于腹前，做好击球准备。

③迎球挥拍。右手反握球拍尽量前伸，前臂外旋，手腕外展，左手后伸保持平衡。

④球拍触球。击球时，前臂伸直，手腕从外展到内收，突然闪动，拇指外侧顶推球拍内侧的小棱边，使球拍从左向右切击球托的左下部，把球勾向对方网前。

⑤随势挥拍。击球后的动作极小，几乎与击球时的动作相反，只是手腕略有向用力方向随势挥动的动作。

⑥回位。击球后，还原到击球前的准备姿势。

⑦主要发力部位。以前臂、手腕的外展到内收的用力为主。

(3) 右场区被动接吊放网前球技术

特点：击球点特别低，来球靠近球网球时，多在被动的情况下采用该技术回放网前球。此动作与挑高球基本相同。

动作要点：

①选位。身体站位距球网较近,侧对球网,右腿跨成弓箭步,重心放在右脚,正手握拍,做好回放网前球的准备。

②引拍。击球前前臂充分外旋,手腕尽量后伸。

③迎球挥拍。从右下方向右前方至左上方挥拍击球。若球拍向右前上方挥动,回放的是直线网前球;若球拍向左前上方挥动,回放的则是对角线网前球。

④球拍触球。球拍拍形后仰,从后下方向前上方触及球托,力量较轻。

⑤随势挥拍。击球后,球拍随势向放球的用力方向轻轻挥动。.

⑥回位。击球后,还原到击球前的准备姿势。

⑦主要发力部位。主要以手腕的轻轻掂击用力为主。

2. 后场被动击球技术

(1)正手后场被动击球技术

特点:被动击球,身体后仰成反弓状。靠上臂支撑,前臂手腕进行发力击球。

动作要点:

①选位。击球前,右脚向右侧后方跨大步至右场区底线,脚尖朝外,重心在右脚,右腿稍弯曲,后伸在左侧后方,脚前掌内侧着地成后退侧蹬跨步。

②引拍。击球前正手握拍,肩关节后展,上臂后拉,肘关节保持适当角度,手腕外展后伸,尽量向后引拍。

③迎球挥拍。击球时充分利用腰和肩的力量,前臂由外旋到内旋,手腕由外展后伸至伸直,闪动。

④球拍触球。全速挥拍击球托的中下部,使球沿直线向前上方急速飞行。在上述动作的基础上,用前臂和手腕控制击球的力量和方向,可还击直线网前球和对角网前球,如图4-39所示。

图4-39 正手后场被动击球技术

⑤随势挥拍。击球后的随挥动作较大，前臂、手腕向用力方向随势挥动。

⑥回位。击球后，还原到击球前的准备姿势。

⑦主要发力部位。以前臂、手腕的用力为主。

（2）反手后场被动击球

特点：其特点与正手后场被动击球技术相同。

动作要点：

①选位。根据来球情况决定选位的位置。

②引拍与迎球挥拍。若来球稍过头顶，可用快速转身起跳。反手握拍在空中反弹击球至对方后场；若来球低于肩高于腰部，可用快速转身，以左脚为轴，重心下降，上臂后拉，再以身体迅速向右转动的助力带动手臂全速向前反抽对方后场。

③球拍触球与随势挥拍。击球后，右脚随着身体的右转惯性由左前移至右侧，正对球网；若来球已下落至腰以下，无法打后场时，可用重心更低的反抽动作轻击球托后下部位，用前臂或手指控制力量和角度，使球飞向直线网前或对角网前。

④回位。击球后，还原到击球前的准备姿势。

⑤主要发力部位。以前臂、手腕的外展到内收的用力为主。

第五章　羽毛球运动的战术分析

第一节　当前羽毛球运动中的战术形势及发展趋势

一、战术的基本概念

（一）战术的概念

战术是指在比赛中为战胜对手或为表现出期望的比赛结果而采取的计谋和行动。

（二）羽毛球战术的概念

羽毛球战术是指运动员在比赛中为表现出高超的竞技水平和战胜对手，而采取的计谋和行动。

二、战术发展现状

（一）战术指导思想

羽毛球的战术指导思想是全面贯彻快、狠、准、活的技术风格和以我为主、以快为主、以攻为主，积极主动的打法。

◎快——判断快，反应快，启动快，回动快，步法移动快，抢位快，击球点高，完成击球动作快，突击进攻快，守中反攻快。

◎狠——进攻凌厉，球路变化多，落点刁，抓住有利战机突击，连续进攻或一拍结束战斗。

◎准——在快速多变中抓得准，掌握技术准确并应用自如，落点准。

◎活——握拍活，站位活，步法活，战术变化活。

◎以我为主——不受对方影响，积极施展自己的特长技术和打法。避开对方进攻锋芒，压制对方技术发挥。战术善于变化，掌握比赛场上的主动权。

◎以快为主——抢时间，争速度，抓住有利时机速战速决。但是，由于战术变化的需要，有时也可以适当放慢速度。这种快、慢节奏变化是为了使快速进攻收到更好的效果。

◎以攻为主——进攻是得分的最好手段，任何时候都要把进攻放在第一位。但羽毛球比赛双方都力争主动进攻，攻守转换是经常出现的，因此又要求运动员能攻善守，强调在防守时仍要以各种球路变化积极转守为攻。

（二）战术运用原则

1. 牢固地依靠技术基础

战术是以技术为基础的,技术越高就越能更好地完成战术要求。只有技术全面,战术才能多样化,战术的变化和发展又可以促进技术不断的革新和提高。二者是密切相关又互相促进的。

2. 目的明确

运用战术必须有的放矢,焦点集中,抓住中心,总揽全局。

3. 坚定战术意识

在羽毛球比赛中,战机稍纵即逝,对每一个球的处理既要快又要稳。如何在快速来回击球的过程正确研判形势,进攻凶狠,时间抓得准,防守调整也主动及时,所选用的手段都恰当有效,这就是战术意识。战术意识的基础需要掌握羽毛球各种技术、战术的一般规律,需要在平时有目的地进行系统的战术训练,在比赛中积累经验,再在实战中运用,这样不断地总结、提高,使自己对场上的情况具有敏锐的观察能力和迅速做出反应的能力。

4. 随机应变

战术的运用要配套,战术的套路要娴熟,结合自己的打法特长。运用战术时要调整变化使用,因人而异,因情势而异,但每个战术都应进行扎实的训练。

战术的运用必须随机应变,善于根据战局的变化,分析对方,及时决定对策,出其不意地组织攻势,真假虚实交替运用,使对手猝不及防。

(三)战术要求

运用战术可达到以下四个目的。

1. 调动对方移动

对方一般站在场区的中心位置,全面地照顾各个角落,要使对方击不到球是较困难的。如果把他调离中心位置,他的场区就出现空当,而空当就成了我们进攻的目标。

2. 迫使对方被动

以平高球、劈杀、劈吊或网前挫球等技术造成对方还击困难,迫使对方击来的高球不能到达自己场区的底线,这样来增加自己大力扣杀和网前扑杀的威力,给对方以致命的一击。

3. 诱使对方被骗

利用重复球或假动作打乱对方的步法,使对方身体重心失去控制,来不及还击或延误击球时间而使回球质量差,造成被动。

4. 消耗对方体能

控制球的落点,最大限度地利用整个场地,把球击到场区的四个角上或离对手最远的地方,使对手在每一次回球时尽量消耗体力。在争夺一球的得失时,也应以多拍调动对手,让对手多跑动、多做无效击球。当对手体力不支时,再行进攻。同时要求节省自己的精力和力量。在单打比赛中,一次"拉锯战",有时要来回击球几十次之多,有时一局比赛会持续半个多小时。在你使对手满场奔跑的同时,要尽量使自己的动作放松,步法移动少,保存自己的体力,以求最后的一搏。

三、战术发展趋势

纵观羽毛球运动100多年的发展史,我们可以看出羽毛球战术运用与运动员的身体素质、心理素质、意识、适应能力等因素息息相关。每一个因素的变化都制约着羽毛球战术的变化,但总的来说,当前世界羽毛球运动正朝着"快速、全面、进攻、多拍"的方向发展。

第二节　羽毛球战术与意识的关系

比赛中战术的运用要因时、因地、因人而异,知己知彼,有的放矢地实施自己的战术。在羽毛球运动竞赛实战中,也对临场比赛情况的变化做出相应决策,但更重要的是,要使运动员有较强的战术意识。因为无论赛前的信息了解得多么周密,决策指挥如何及时,都不可能把运动员的每一个行动及相互配合的每一个行动、攻防的球路变化及位置的移动都加以逐个规定和策划。因为比赛场上的变化是瞬息万变的,运动员在比赛场上既要按预定的战术方案执行,但更重要的是使运动员能够根据临场的情况采取有效的措施。这种能力就是战术意识。

任何一个战术行动的完成,都必须靠人的思维活动即战术意识来支配,所以说战术意识是提高战术能力的重要内容。

在比赛过程中,战术意识总是要和战术行动结合起来。战术意识支配战术行动,而战术行动的效果又反过来对战术意识的强弱进行评价。战术意识的提高是提高战术能力的重要内容。在比赛过程中运动员战术意识的强弱通常表现在:能否较准确地预见和判断对手击球所使用技术的战术意图,做到行动不受骗;自己在击球之前要能分清主动、被动情况,决定采取行动前一定要根据主动、被动情况该攻的要攻、该守的要守、该过渡的过渡,不能该攻的不攻、该守的又要去硬攻、该过渡的又去防守;经过一段时间比赛能否及时发现对方的战术意图。

战术意识对优秀羽毛球运动员的成绩具有关键性的作用。羽毛球运动是对抗性项目,在比赛中双方始终贯穿着压制与被压制、制约与反制约的剧烈争夺。比赛双方为了战胜对手,总是一方面尽量发挥自己的特长,保护自己的短处;另一方面又要去限制对方的特长,抓住对方的弱点。如果在比赛双方旗鼓相当、势均力敌的情况下，正确地运用战术，可减少不必要的体力消耗和无效的行动，对夺取比赛的胜利具有重要的意义。而正确地运用战术，正如前文所述要有较强的战术意识。因此，提高战术意识对优秀羽毛球运动员取得优异成绩起着关键性的作用。

一、技术组合的意识

当我们在比赛中使用某种技术时，应该明确各种技术在战术中所起的作用及其性质，要有明确的目的性。例如，我方在后场获得主动权后，想要组织一次进攻，就应该打平高球而不能打高远球。因为，平高球才能达到进攻的目的，而高远球是作为防守技术来使用的。

二、分析判断的意识

当我方在开始行动之前，应充分预见到可能发生的任何情况，并准备如何应付的办法，这也是战术意识内容的一部分。例如，我方从正手后场击出进攻性平高球时，就要根据出球速度、弧度、落点的质量及对方的移动情况，预见对方此时处于什么情况，可能回击什么球。事例中虽然我方出球质量较好，但如果对方移动的较快，我方想达到逼迫对方在被动情况回击直线高球的目的就不一定可以达到。此时，我方一定要马上预见到对方可能转入反攻，并根据对方的技术特点预见对方是重复平高球或吊杀，是打直线还是对角线。这种预见性是战术意识中很重要的一个组成部分。如果说某运动员战术意识强，很大程度是指他在做任何行动前预见性强，很少有失误，因而能较容易控制整场球的主动权。

判断的准确性是正确地发挥技术、战术的前提，比赛场上正确无误的行动均来源于准确的判断。

预见与判断，两者既有联系，又有区别。预见是估计可能发生的情况，判断是根据已发生的情况，作出肯定的结果。

例如，当我方从正手区多次采用直线平高球攻击对方头顶而获得主动权之后，采用劈杀对角得分。但是，当我方再一次使用这一战术时，一定要能预见到对方可能已有所准备，虽然我方打出球的质量也较好，但由于对方已有所准备，因此对方会采用拦吊对角战术对付我方。当对方出手拦吊时，我方要及时准确地判断并正确地行动，上网去控制。当然，判断还得有灵敏性，没有灵敏的判断，是无用的判断，因为"快"是取胜的前提。

使用技术的目的性、行动的预见性、判断的准确性和灵敏性是战术意识带有普遍性的三要素。不论进行单打、双打、混双比赛，或使用哪一种技术，采用哪一种战术，都要必须具备这三个主要的战术意识因素。

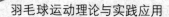

常常会看到有些运动员在比赛场上，对方球打到哪里，他就会出现在哪里，并常处于控制主动的位置，显得轻松自如，体力消耗也少，最后获胜的机会就比较大。

反之，有些运动员在比赛场上，行动预见性差，判断的准确性也较差。因此，到处乱冲、乱跑，经常失误。虽然也很卖力，到处抢救险球，但最后消耗体力过大，往往是以失败而告终。

第一种运动员在每处理一次击球时目的性较明确，而且球出手后他又根据球击出后的质量情况，迅速地预见对方可能的回球，当对方回击时，他能准确地判断来球的方向和落点。选拔运动员时，要注意选拔在这三方面具有天赋的人才，在训练中也要进行战术意识的培养。

三、真、假动作的意识

具备了上述的三要素才能在比赛中做到不受骗，及早赶到落球点。可为了取得比赛的主动与胜利，就应该在出手动作上做文章，出手瞬间要有变化，力求动作隐蔽些，打法诡诈些，虚虚实实、真真假假，去干扰对方的判断，造成对方的判断错误，使对方防不胜防。例如，在网前获得主动之后可做一个搓球动作，等对方要启动或已启动后，突然改成推球或勾对角球。这一系列动作就会造成对方判断错误，甚至启动停止，致对方于败局。

四、积极进攻的意识

为了要获得比赛的最后胜利，一定要多创造进攻机会，并主动出击，使行动具有强烈的攻击性和突击性。所谓攻击性就是要形成一种压倒对方的声势，给对方心理制造较大的压力。其突击性，就是要出其不意，攻其不备，想方设法使对方措手不及。

五、积极防守的意识

在羽毛球运动中，攻与守是经常转换的，防守是进攻的开始，当处于被动防守时我们提倡积极的防守意识，而不是消极防守。它们之间的区别在于防守中是否贯穿了积极取胜的思想，是否是为了下一拍转为进攻服务。一切防守技术都必须带有强烈的反攻意识和防守的目的性。

例如，当对方从正手后场杀我方反区时，我方迅速反勾一对角球，这一勾球动作就具有强烈的反攻意识，也可能这一防守技术就具有进攻性质，而使对方来不及救球而出现失误。所有一切寻找对方漏洞的防守技术均是积极的防守战术行动。

六、灵活多变的意识

比赛过程中任何战术的运用，都不应该是一成不变的，而应根据当时的实际情况灵活运用战术，这也是强化战术意识的表现。

例如，双打比赛中，我方制定了一套进攻战术，在执行过程中开始很成功。可是，对方经过几个回合的失利后，发现了我方的战术意图。当对方把球打到我方正手边线时，我方按原定战术是杀直线边线球，由于对方发现了我方的战术意图，所以把位置提前移至边线，以便把边线球守好，致使我方的进攻碰到了阻碍。这种情况下，我方应该通过观察发现对方站位有所改变，说明对方已发现我方的战术意图。因此，当再一次出现这种情况时，就应该改变战术方案，这就是战术运用的灵活性。

七、配合默契的意识

在双打、混双比赛中能否做到配合默契，关系到战术能否协同一致，是战术意识强弱的表现。

例如，在混双比赛中，当我方获得主动进攻权时，对方已退成男女并列防守的阵势，此时，我方执行进攻女队员战术，那么站在网前的我方女队员，就应该把位置迅速移动至对方女队员的直线位置上，封住从对方女队员防守回来的直线网前球或平球。这种合作就是比较默契的，也是战术意识强的表现。

第三节　羽毛球战术与技术的关系

一、基本技术与战术的关系

在羽毛球的竞技实战中，运动员的技能、智能、体能、心理等方面，都是通过羽毛球基本技术表现出来的。衡量一个运动员掌握和运用各种技术动作的能力，主要看他在完成各种技术动作时，是否具有准确性和实效性；在各种困难和复杂条件下，完成动作时是否具有相对的稳定性；在激烈的对抗过程中，是否具有良好的控制能力和应变能力。

虽然羽毛球技术多种多样，方法也各有不同，但在动作结构上却有着共同的规律。其实，就体育运动中以技能为主导的隔网对抗项目而言，它们的技术动作规律是一致的，即动作技术多种多样，但在动作结构上具有相同的规律。而在这些项目里，乒乓球、羽毛球、网球三个项目中这一规律显得更加接近。它们的动作结构都是由选位（准备）—判断（启动）—移动（引拍）—到位（击球）四个环节组成的。所以在平时的训练中，必须对其中任何一个环节都予以

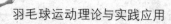

高度的重视,否则必然会对该技术在实战中运用的质量产生十分不利的影响。

组成羽毛球战术行动的基本要素是技术、战术方法和战术形式这三个方面。

技术是队员进行比赛的手段。一个队员掌握的技术越全面、熟练、准确和实效,那么他的战术的运用和实现就越有保证。因此,战术必须建立在熟练掌握多种高质量技术动作的前提下,通过队员在比赛实战中,在一定的时间和空间的条件下,伺机合理地、灵活地组合运用才能构成。

所以,就二者的关系而言,技术是战术的基础,是组成战术所必不可少的基本要素。先进的技术必然促进战术的发展与变化,而战术的不断发展与变化,同样又反过来促进原有技术的更新与发展。它们之间存在着相互联系、互为影响、共同发展的辩证关系。

战术的方法是战术行动的核心部分,是战术的具体内容。

技术虽然是战术的基础,是组成战术所必不可少的基本要素。但并不等于要将技术简单地、杂乱无序、毫无目的地凑合在一起使用就能形成战术。恰恰相反,在比赛实战中,只有将各种技术有意识地按一定的程序有机地、合理地组合在一起运用,才可能真正地发挥技术的战术作用,从而达到战术的目的。

因此,战术方法是运动员在比赛中为了完成具体的攻守任务而制定的行动程序。它包括运动员在比赛中对技术动作的选择与组合、动作的时间、攻击或防守的地区和范围等具体内容。实质上战术方法也就是进攻或防守的准备、组织和完成的过程。

战术形式是战术方法的外部表现。任何战术方法都有它自己的外部表现形式,一定的战术形式也必然反映一定的战术内容。如羽毛打法中的"下压控制网前"就有"杀上网"、"吊上网"、"发球抢攻"等不同的打法形式。

技术、战术和战术运用,这三者之间存在着密切的联系,都是形成战术行动不可缺少的基本要素。一个运动员只有当他掌握了各种基本技术以及它们之间的有机的组合运用方法时,他在比赛中选择不同打法的可能性才会增多,技术的运用能力才能得到发挥,战术的灵活性才会增强。同样,一个运动员对战术方法和战术形式的选择和运用,也必须考虑和符合自己的实际技术水平。

二、羽毛球基本技术在战术中的作用

(一)发球技术的战术作用

发球技术不仅是羽毛球比赛中每一个比赛阶段的开始,也是羽毛球技术中唯一可以不受对方击球方法的制约而由自己随意运用的一项技术。

根据击球后球飞行弧线和落点不同,发球技术可分为发高远球、发网前球、发追身球和发平高球等。

1. 发高远球的战术作用

通常是为了迫使对方退至底线击球，以削弱其扣杀的威胁，同时增加其扣杀后迅速抢网进攻的难度。在单打比赛中运用较多，用以控制对方后场，后发制人的发球战术。

2. 发网前球的战术作用

根据对方的回球，伺机进行抢攻；制约对方发挥其进攻技术特长，削弱其强有力的威胁；对方接网前球技能较差，我方以发网前球抢占主动权。

由于双打时发球区要比单打时短0.76米，所以发网前球技术在双打中运用较多，但随着技术、战术的不断丰富和发展，发网前球技术在单打比赛中也被多次运用。

发网前球抢攻战术和发高远球战术不同点在于，它是一种先发制人的战术打法。特别是以攻为主的运动员，在比赛的关键时刻，常以此作为一种主要的得分手段。发网前球抢攻战术运用效果的好坏，主要取决于发球的质量和进攻技能的高低。

3. 发平高球的战术作用

通常与发网前球结合使用，针对对方队员接发球站位比较靠前，或在准备向前接网前球时，出其不意地突然发出快速越过其头顶、落至其后场的低平球，使其措手不及而陷入被动；诱其在慌乱中盲目回球失误，以利于自己的进攻。

总之，发球是一项完全可以凭自己的主观愿望发出各种不同的线路、弧度、速度和落点，与自己下一拍击球有机地结合来争取主动，达到控制对方和破坏对方进攻的战术目的的技术。但是，这一战术目的能否成功，在很大程度上取决于发球质量和与下一拍击球衔接技能的熟练程度。

发球质量高低的标准通常表现在准确与变化这两个方面。所谓准确是指发球的弧度、落点和对对方队员接球点的判断等方面的准确程度。所谓变化是指发球节奏、方法、弧度和落点等方面的变化。

为了能够有效达到发球的战术效果，首先在训练中要培养球员在每次发球时，都要有其明确的战术目的的习惯。

其次，发球动作要力求一致。使对方在你发球动作的整个过程中，几乎不可能提前作出正确的判断，延缓他反应和判断的时间。

第三，在发球中除了要重视发球的弧度和落点等方面的变化外，还必须加强对发球节奏变化能力的训练。在日常的训练中，人们对加强发球节奏变化能力的培养缺乏足够的重视。发球的节奏变化主要体现在：①在规则允许的范围内，从你做好发球和接发球的准备，到你开始发球所用的时间变化。②可采用同一种发球方法，但是在每一次发球时，从发球挥拍开始到发球结束，这一动作完成速度的变化。

（二）搓球技术的战术作用

使用搓球技术后,球在过球网的瞬间伴有较强的旋转,因而会造成对方难以捕捉最佳的击球时机和合适的击球部位进行还击,以致对方出现击球困难甚至还击失误,从而使自己获得主动控制权。

比赛中,良好的搓球往往能起到控制前场的作用,迫使对方队员只能挑后场高球,从而为自己创造有利进攻的机会。

（三）推球技术的战术作用

比赛中使用推球技术后,球的飞行速度较快,弧度较平。运用得当,往往能迫使对手不得不从后场被动低手还击,从而为自己创造更有利的进攻得分机会。

推球是一项要准确把握运用时机的技术。运用不当,极易遭到对方的反击而使自己转为被动甚至造成失分。

（四）勾对角球技术的战术作用

双打比赛中,根据队员击球时在场上所处的位置不同,一般又分为网前高手勾对角球、网前低手勾对角球和中场勾对角球三种击球方法。

勾对角球技术的主要战术作用是可使来球突然改变飞行的路线,迫使对方改变原来的运动方式,增大移动和还击的难度。比赛中通常可用来应对场上直线运动速度较快但身体转动不够灵活的对手。

（五）挑球技术的战术作用

挑球技术的战术作用主要是防守和过渡。当你在比赛中处于被动状态或不利于马上进攻时,就可以通过挑高球来争取时间,合理调整自己的位置和比赛节奏。目前,在女子双打比赛中,良好的挑球技术往往还可以达到消耗对方体力,后发制人的战术作用。

（六）高球技术的战术作用

1. 高远球的战术作用

由于高远球的飞行弧度较高,到达对方底线所需要的时间较长,而且不易被对方拦截。因而能迫使对方远离中心位置退到底线击球,拉开其场上移动距离,并可调节比赛节奏。例如,我方处于被动状态时,就可利用高远球滞空时间长的特点,争取回位时间,从而摆脱被动局面。

2. 平高球的战术作用

平高球飞行弧度比较低,到达对方底线所需的时间相对较快,如果掌握好时机的话,击球动作通常多带有突然性。在实战中,和"吊球"技术很好地结合,能出其不意地快速调动对方的站位,使其顾此失彼。一般而言,高远球通常具有防守的性质,主要在防守与被动状态中运用较多;平高球通常具有进攻的性质,主要运用在进攻和相持状态下。因此,从战术运用的角度来说，应该让运动员在平时的训练和比赛中明确这两种技术在战术运用上的不同应用。

（七）吊球技术的战术作用

吊球技术和高球结合，一前一后，能够起到调动对方移动和为我方寻找突击进攻机会的作用。吊球技术主要有轻吊、劈吊和假动作吊球三大类。

1. 轻吊球的技术特点与战术作用

击球落点比较贴网，能有效地拉开对方移动的距离。但是，与劈吊球技术相比，球在空中飞行的速度相对要慢一些。

2. 劈吊球的技术特点与战术作用

球速相对较快，与杀球技术动作一致，但击球的落点要比轻吊球离球网远一些。

3. 假动作吊球技术的特点与战术作用

击球的前期动作和"杀球"动作极为相似，只是在击球瞬间才突然变化为轻吊球。如果运用得当，将对对方产生很大的欺骗性。在运用时，通常需要有比较充裕的击球时间，因此，该技术在双打中运用较多。

（八）杀球技术的战术作用

杀球是一种最具威力的进攻性击球技术方法。它具有击球力量大、飞行速度快和落地时间短的特点。因此，良好的杀球技术不但会使对方接球困难，还是有利于自己得分的最有效的技术方法。

杀球技术主要有：大力杀球（又称重杀球）、劈杀球、突击杀球、点杀球四大类。

（九）接杀球技术的战术作用

接杀球技术主要包括放网、勾对角球、挑后场球和抽球四种方法。它们的战术作用主要是稳固防守，避免失误；增大对方下一拍还击的难度，破坏对方进攻的连续性；利用抽球等防守反攻性技术伺机反击。这时应该注意的是，必须对对方的下一拍击球意图，能及时作出准确的判断，并能有针对性地、灵活地运用该技术，达到出其不意、攻其不备的效果。

第四节　羽毛球战术与素质的关系

实践证明，运动成绩与身体素质有着密不可分的联系，越来越多的比赛战例已经证明了这一点。

身体素质是人在完成运动动作时身体所表现出的各种能力。通常这些能力表现在力量素质、速度素质、耐力素质、灵敏素质和柔韧素质等方面。因此，力量的大小，速度的快慢，耐力的好坏，灵敏、柔韧素质的好与差，这些方面对于运动技术的掌握、战术的运用都起到了至关

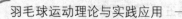

重要的作用。尤其在战术组合的应用上，更集中体现在身体素质的好坏上，身体素质好，技术发挥就有保障，技术能发挥出来，战术就能有所体现。

身体素质包括两个部分：专项身体素质，全面身体素质。

①全面身体素质是指我们前面所提到的力量、速度、耐力、灵敏、柔韧五个方面。

②专项身体素质是指某一专项所要求的特定素质。

全面身体素质与专项身体素质既有联系又有区别。全面身体素质是专项身体素质的基础，专项身体素质是在全面身体素质的基础上建立起来的。

总之，羽毛球运动项目中身体素质至关重要，它是依赖身体素质的存在而存在的，战术的变化依赖于技术的组合，而技术的完成则依赖于体能的保障。

第五节　羽毛球战术与心理的关系

在很多国家，对优秀运动员不仅采用现代化的训练手段和方法，还需要在心理学家的指导下进行训练。因为人与人的不同，每个人的气质类型不同，所以应用心理实验与测验为运动员的心理现象及其规律进行研究，可以保证训练和比赛任务得以顺利完成。

现代运动是伴随着实验心理发展起来的。心理测验的产生与发展同研究人的个别差异有关。在现代体育运动中，身体素质、心理能力、技战术等有机地结合和运用是取得比赛胜利的基础。大量运动实践证明，通过心理测验与评定有助于选拔优秀运动员，辨别不同个体之间的差异，这样就大大提高了运动人才的选拔效率，减少淘汰率，节省了人力、物力和财力。而就单个运动项目（如羽毛球运动项目）而言，通过心理测试，也可以知道具有不同心理特点的运动员所匹配的技术打法类型。例如，通过心理测试，不同类型的羽毛球运动员的打法类型也有很大的不同。多血质类型的运动员的打法类型主要是攻击型打法，突击型打法次之；这是因为多血质球员聪明活泼，接受能力强，应变能力强，所以比较适合进行以快为主的攻击型、突击型打法类型的训练。黏液质类型的运动员的情绪稳定，注意力集中，学习动作较快并能持久，所以比较适合以稳为主的综合型打法及拉吊打法类型的训练。胆汁质类型的运动员的打法类型主要是突击型的打法类型。综上所述，打法类型和心理有着密切的关系。因此，在安排教学训练时，羽毛球教师及教练员应考虑这个因素，根据学生的心理特性帮助其确定适合的打法类型。做到利用心理特性来指导教学与训练，并真正做到区别对待，因材施教。

第六节　羽毛球战术与项目的关系

一、羽毛球战术与单打项目的关系

（一）羽毛球单打战术运用的种类

1. 发球战术

发球不受对方干扰，只要在规则允许的范围内，发球者可以以任何方式将球发到对方接球区的任意一点，如图5-1所示。采用变化多端的发球战术，常常能起到先发制人、取得主动的作用。因此，发球在比赛中占有非常重要的地位。

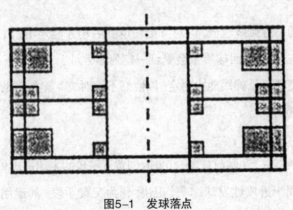

图5-1　发球落点

在采用发球战术时，眼睛不要只看自己的球和球拍，应用余光注视对方的情况，找出其薄弱环节。发球的准备姿势和动作要注意一致性，给对方的判断带来困难，处于消极等待的状态。发球后应立即把球拍举至胸前，根据情况调整自己的站位，两脚开立，身体重心居中，但一定要注意重心不能站死；眼睛紧盯对方，观察对方的变化，积极准备还击。

（1）发后场高远球

这是单打中常用的发球方法，要求把球发到对方端线处，迫使对方后退还击，给对方的进攻制造难度。发高远球弧线高、飞行时间长，但由于离球网距离远，球从高处垂直下落，后场进攻技术差的对手较难下压进攻。把球发到对方左、右发球区的底线外角处，能调动对方至底线边角，便于下一拍打对方对角网前，拉开对方的站位，如图5-2所示。特别是左场区的底线外角位是对方反手区，更是主要攻击的目标。但发右场区的底线外角时要提防对方以直线平高球攻击自己的后场反手区。如把球发到对方接发球区底线的左、右半区的内角位，能避免对方以直线攻击自己的两边。

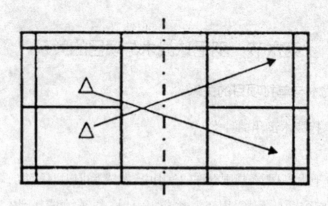

图5-2　发后场高远球至底线外角

（2）发平高球

发平高球时，球的飞行弧线较低，但对方仍须退到后场才能还击。由于球的飞行速度快，对方没有充裕时间考虑对策，回球质量会受到一定影响。对于球的飞行弧线的控制，应根据对方站位的前后、身高情况及弹跳能力而定，以恰好不给对方半途拦截的机会为宜。落点的选择基本与发高远球相同。

（3）发平快球

发平快球（或者平高球）和网前球配合，争取创造下一步的主动进攻机会，组合成了发球抢攻的战术。发平快球属于进攻性发球，球速很快，作为突袭手段。如运用得当，往往能取得主动。但当对方有所准备时，也能半途拦截，以快制快，发球方反而会处于被动。发平快球时球的落点一般应在对方反手区，如图5-3所示，或直接对准接发球员的身体，使对手措手不及。

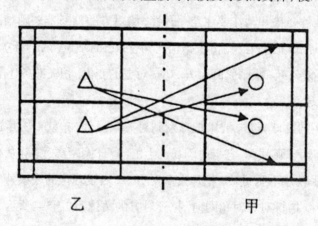

乙　　　　　甲

图5-3　发平快球攻反手或身体

（4）发网前球

发网前球能减少对方把球往下压的机会，发球后立即进入互相抢攻的局面。把球发到前发球线内角,球飞行的路线较短,容易封住对方攻击自己后场的角度;发球到前发球线外角位能起到调离对方中心位置的作用。特别是在右场区发前发至对方球线外角位,能使对方反手区出现大片空当,如图5-4所示。如对方以直线推平球攻击发球者的后场反手,那么预先提防的前提下,可用头顶球还击。发网前球也可以发对方的追身球,造成对方被动。发网前球时最好配合发底线球才能有最佳的效果。

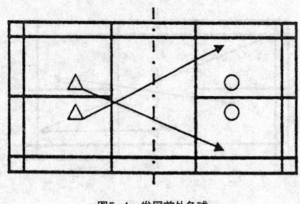

图5-4　发网前外角球

2. 接发球战术

接发球时虽然处于被动、等待的状态,但由于发球时受到诸多规则的限制,局限了发球给接发球者带来的威胁。发球者发球只能发到对角线的接发球区内,而接发球者只需防守该区域,却可还击到对方整个场区。所以,接发球者若能处理好第一拍,就有可能可取得场上主动。

(1)接发高远球、平高球

一般可用平高球、吊球或杀球还击。但如对方发球后站位适中,进攻时要注意落点的准确性。若用杀球、吊球还击,自己的速度要跟得上;如果对方发球质量很好就不要盲目重杀,可用高远球、平高球还击,伺机再攻,或者用点杀、劈杀、劈吊下压先抑制对方。

(2)接发网前球

可用平推球、放网前或挑高球还击。当对方发球过网较高时,要抢先上网扑杀。接发网前球的击球点应尽量抢高。

(3)接发平快球

要观察对方的发球意图,随时做好准备。借用对方的发球力量快杀空当或追身都能奏效,也可借助反弹力拦吊对角网前球。

3. 逼反手战术

就运动员而言,后场的反手击球总是或多或少地弱于正手击球,进攻性不强,球路也较简单, 而有的运动员还不具备在后场用反手将球打到对方底线的能力, 所以对方的反手区要毫不放松地加以攻击。

(1)调开对方位置

先使对方反手区露出空当, 然后把球打到反手区, 迫使对方使用反拍击球。例如, 乙方发高远球, 甲方先吊乙方正手网前球, 乙方挑高球, 甲方以平高球攻击乙方反手区, 如图5-5所示。

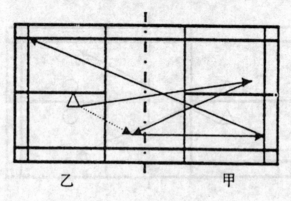

图5-5　调开位置示意图

(2)对反手较差的对手

后场反手较差的球员, 经常使用头顶击球、侧身击球、侧背弓击球来弥补反手的不足。由于头顶、侧身击反手区时, 身体重心、身体位置要偏向左场区的边线, 因而可以重复攻击对方的反手区, 使其身体位置远离中心。这样对方的正手区就出现空当, 成了被攻击的目标。例如, 甲方发高远球到乙方左接发球区端线外角位, 乙方头顶拉对角高球, 这时乙方的身体重心后仰偏左, 右场区出现大片空当, 甲就可以点杀对方对角网前, 如图5-6所示, 使对方来不及回球。当对方打来平高球时, 扣杀落点的选择应是: 如对方移动慢, 扣杀落点应在远离对方位置的空当处; 如对方移动快, 则可把球扣杀在他刚离开的位置。因为在快速移动中要想马上停住再回转身来接球是很困难的。

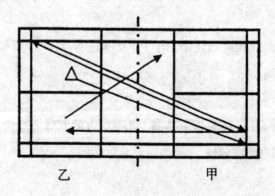

图5-6　重复攻击反手区域

4. 平高球压底线战术

用快速、准确的平高球攻击对方后场两角,在对方不能拦截的前提下尽量降低球的飞行弧线,把对方紧压在底线,当对方回击平高球时,就可以扣杀进攻。使用平高球压底线时,配合劈吊和劈杀可增加平高球的战术效果。一般情况下,平高球的落点和杀、吊的落点拉得越开效果越好,如图5-7所示。

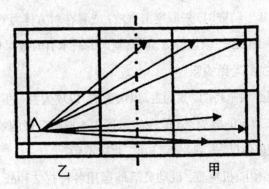

图5-7　以平高球压底线战术

5. 拉、吊结合杀球战术

此战术的目的是把球准确地打到对方场区的四个角落,使对方每次击球都要在场地来回奔跑。使用这种战术时,对不同特点的对手要采用不同的拉、吊方法。对后退步法慢的可以多打前、后场;对盲目跑动的可使用重复球和假动作;对灵活性差的应多打对角线,尽量使对方多转身;对后场反手差的通过拉开后攻其反手;对体力不好的可用多拍拉、吊来消耗其体力,然后战胜对方。

如能熟练地使用高球、劈吊和网前搓、推、勾技术,拉开对方,伺机突击扣杀,则这一战术能收到更好的效果。

6. 吊、杀上网战术

先在后场以轻杀、点杀、劈杀配合吊球把球下压,落点要选择在对方场地两边,使对方被动回球。对方还击网前球时,迅速上网以贴网的搓球,或勾对角,或快速平推创造扣杀机会;若对方在网前挑高球,可在其向后退的过程中杀贴身球。

7. 过渡球战术

首先要明确过渡球是为了摆脱被动,为下一拍的反攻创造条件,怎样才能变被动为主动是比赛中的重要一环。被动时要做到:首先,争取时间调整好自己的位置和控制住身体的重心,从网前或后场底线击出高远球是被动时常用的手段。当处于不停地跑动追球的状态时,或身体重心失去控制时,都可以打出高远球,以赢得时间,恢复身体重心,调整自己的站位。其次,利用球路变化打乱对方的进攻步骤。在接杀球或接吊球时要把球还击到远离对方位置的地方，以破坏对方吊、杀上网的连续快速进攻。如果对方吊、杀球后盲目上网，而自己位置较好时，则可将球还击到对方底线。

8. 防守反攻战术战术

这一战术是应对那些盲目进攻而体力又较差的对手。比赛开始时，先以高球诱使对方进攻，在对方只顾进攻而疏于防守时，采取突击进攻；或者在对方体力下降、速度减慢时再发动进攻。这种开始固守、乘虚而入、以逸待劳、后发制人的战术有时效果也较好。

（二）羽毛球单打战术运用的原则

①单打战术的运用必须坚持"以我为主，以快为主，以攻为主"的战术指导思想。

②单打战术运用必须有的放矢，才能在战术运用上取得良好的效果，因此，在赛前必须通过各种方法和手段获取信息，做到"知己知彼、百战不殆"。

③单打战术运用必须随机应变，机动灵活地运用各种打法和战术，才能掌握更多的主动权。

④单打战术运用必须善于观察，及时发现对方的战术意图，以便采取果断的应变对策，给对方以出其不意的攻击。

⑤单打战术运用必须发扬"敢打敢拼"的战术作风，才能使战术发挥出更大的威力和效果。

（三）羽毛球单打进攻战术的对策

1. 发球抢攻的战术对策

发球抢攻是比赛的重要得分手段，发球可根据对手的站位、回击球的习惯球路、反击能力、打法特点、精神和心理状态的情况，运用不同的发球方法，以取得主动权。通过这一战术的运用，打乱对方的战略部署，造成对方措手不及。在相持时可以用它来打开僵持的局面，力争主动；领先时可以用它来乘胜追击，一鼓作气战胜对手；落后时可以用它来做最后的拼搏，力挽狂澜，反败为胜。

（1）发前场区球抢攻战术

发前场区球的目的主要是为了限制对方马上进行攻击，另一目的是通过准确、有意识的判断对方的回击球路，从而组织和发动快速的抢攻，直接得分或获得第二次攻击机会。发前场区球在一般情况下主要以发网前内、外角区的球和追身球为主，这样比较稳妥不至于造成失误。如我方发出一个较高质量的前场区球，紧接着应该迅速地判断对方回击球路的路线及其意图，然后调整好自己的站位，抓住有利战机，组织和发动进攻。

（2）发平高球抢攻战术

发平高球有发后场两角区，以及发后场两角区之间三种平高球。

发平高球抢攻战术和发前场区抢攻战术的不同点在于发前场区抢攻可直接抓住战机进行抢攻，而发平高球抢攻则要通过"守中反攻"的手段才能获得抢攻的机会。

发平高球的目的：一是为了配合发前场区球抢攻；二是让对手进行盲目进攻，使我方能从防守快速转入进攻状态；三是造成对方失去对局面的控制而直接失误。

（3）发平快球抢攻战术

发平快球战术的目的，一是为了偷袭；二是为了逼对方进行平抽快打的打法；三是为了把对方逼至后场区而造成网前区的空隙。

2. 运用"发球抢攻"的战术应注意的问题

（1）解决五个方面的问题

主要是指击球时间、球的弧度、球的落点、球的速度、出球的路线等五个方面。

①击球时间需达到破坏对方启动的目的。

②击球弧度要平，过网时的高度不能过高。平高球要越过对方跳拦的高度。

③球的落点要到位。

④球的速度要快，杀球时球要有一定的速度。

⑤球的路线是直线还是对角线要符合战术的需要。

（2）解决"发球抢攻"问题

假设是在判断准确的前提下，采用"发球抢攻"的战术，是否能够达到抢攻的目的呢？答案是否定的。因为，接发球方也在判断发球方发球抢攻的意图，肯定要击出不符合发球方所判断的球路。所以"发球抢攻"与"接发球抢攻"就形成了斗智、斗勇、斗果断、斗反应、斗速度的局面。所以，发球方在采用抢攻战术之前，首先要判断对方接发球的习惯球路和打法，然后调整好自己攻击的站位，并靠迅速反应去完成"发球抢攻"的目的。

如果对方回击出一个发球方意想不到的球路，那么，发球方有可能会处于被动情况。此时，应力争把球回击到对方的后场，转入防守状态。

（3）解决"抢攻"意识的问题

发前场区球是否属于"发球抢攻"战术呢？这主要取决于发球方是否有"抢攻"意识，如发球方发前场区球是想达到抢攻目的，那就可以说是采用了"发球抢攻"战术；如只是为了避开对方后场强有力的攻击而从前场过渡，则不属于"发球抢攻"。

（4）解决"高质量"发球的问题

"发球抢攻"战术的运用，首先要有抢攻的意识，其次要有高质量的发球作保证，离开了这两点，"发球抢攻"战术就组织不起来。由于没有抢攻意识，即使对方已给你较好的机会，也不可能很快地发动攻击。同时，假如发球质量不高，接发球方马上可以进行接发球抢攻，"发球抢攻"的目的就达不到。所以，要达到"发球抢攻"战术能顺利完成，必须有"抢攻意识"为前提，"发球质量"作保证。

（5）解决对对方的"了解"问题

在进行"发球抢攻"战术时一定要根据对方的站位、习惯、使用的技术和球路、心理状态等情况，采用不同的发球来组织发球抢攻。例如，对方站位偏后，可发前场区球；站位偏边线，可发平快球偷袭对方底线内角区；对方站位偏前，可发平高球；对方攻击力差，可发平高球；对方反应慢，可发平快球；对方接发前场区球习惯放网前球，可发前场区球后快速上网抢攻；对方站位适宜但心情急躁，可做发前场区球姿势和动作，但在击球一瞬间改发平高球等战术，都会取得"抢攻"的效果。

（6）解决"发球抢攻"的节奏问题

"发球抢攻"战术属于一种比较有效的战术，但"发球抢攻"不可能经常使用。"发球抢攻"战术要结合发高球把对方的注意转移至处理高球状态，然后再采用"发球抢攻"战术，这样战术效果就会更好些。

3. 接发球抢攻战术的对策

接发球抢攻战术是接发球战术中最易得分、最有威胁的一种战术，但前提是对方在发球时质量欠佳。如发高球时落点不到位，发前场区球过网时过高；发平快球时速度不快，角度不佳；发平高球时节奏、落点、弧度不佳等情况，会造成接发球抢攻的机会。

不满足前提条件而盲目地进行抢攻，效果就差，成功率就低。除此以外，还要有积极的、大胆的抢攻意识。要使抢攻成功（得分）还得根据自己的技术特点和身体条件，同时结合对方的技术特点、身体条件和心理素质等情况。

正确判断对方发球意图。如是有目的的，那要谨慎不能随便进攻，要控制好自己的身体重心，进攻后要能控制全场，特别是前场区；如发球控制不好，则要果断大胆地抢攻，在抢攻时除要运用自己最擅长的技术外，还要考虑对方弱点，来组织抢攻战术。

所以，抢攻战术的完成要由多种抢攻球路的有效组织才能奏效。一旦发动抢攻就要加快速度，扩大控制面，抓住对方的弱点一攻到底，完成一个组合的抢攻战术。

4. 单个技术的进攻战术对策

（1）重复平高球进攻战术

这种战术的特点是以重复平高球进攻对方同一个后场区，甚至可连续重复数拍，以求达到致对方失误或逼迫对方击出半场高球，以利于我方进行最后一击。这种战术对移动上网慢、控制底线球能力差，以及侧身步法差的对手很有效。

（2）拉开两边的平高球进攻战术

这种战术的特点是使用平高球连续攻击对方两边后场底线，以求获得主动权，或逼迫对方采用被动战术，以利于我方进行最后一击。采用这种战术，要求击球方控制高球的出手速度、击球的准确性和动作的一致性等方面。这种战术对移动上网快，两底线攻击能力较弱的对手很有效果。

（3）重复吊球战术

这种战术的特点是重复进行吊场地两边或吊一点，以求达到获得主动攻击权。这种战术在什么情况下采用会有效果呢？一是对方上网步法差；二是对方打底线球不到位，而急于后退去防守我方的杀球时；三是我方吊球技术较好，并能掌握假动作吊球技术。

（4）慢吊（软吊、近网吊球）结合快吊（劈吊、远网吊球）战术

所谓慢吊（软吊、近网吊球）是指球从后场吊球至网前的速度较慢，且弧度较大，落点离网较近。采用此种技术结合平高球是为了达到拉开对方站位的目的，有时也可直接得分。所谓快吊（劈吊、远网吊球）是指球从后场吊球至网前的速度较快，出球基本成一条直线，落点离网较远。当对方站位被拉开，而身体重心失去控制的一瞬间，常采用的一种战术。

（5）重复杀球进攻战术

当遇上一位防守时经常习惯反拉后场球的对手时，就可采用重复杀球的进攻战术。采用这种战术首先要了解对手的防守习惯，然后先运用轻杀或短杀，调整好自己的位置后，采用反复杀球进攻的战术。

（6）长杀结合短杀的进攻战术

何时使用长杀结合短杀的进攻战术呢？"直线长杀，对角短杀"就是这一战术的概括。它比起"直线短杀、对角长杀"效果会更好。因为"直线长杀结合对角短杀"能够造成对方接杀球时需移动的距离比较远，增加了防守的难度。

（7）重杀与轻杀的进攻战术

半场重杀，后场轻杀就是这一战术的概括。当我方通过拉吊创造出半场球的机会时，应该采用重杀战术。反之，球在后场时我方还想采用杀球时一般多用轻杀。因为半场球用重杀，哪怕是失去身体重心，也不至于失去对网前的控制局面，但是在后场采用重杀，如果失去身体重心，上网慢了就控制不住网前。而轻杀可使自己保持较好的身体重心位置，利于控制网前。

（8）重复搓球进攻战术

当碰到上网搓球之后习惯快速退后的对手时，可采用重复搓球的战术，可达到获得主动的机会及破坏对方后退进攻的意图。

(9)重复推球进攻战术

当碰到对方从后场拦网前球之后迅速回移至中心位置时,可采用重复推球的战术。特别是反手网前推直线球威胁更大。

(10)两边勾球进攻战术

当我方从网前勾对角网前球时,对方回搓一直线网前球并退后准备进攻时,我方可以再勾一对角线球。运用这一战术来对付转体差的对手时效果更好。

以上所阐述的进攻战术,主要是指单一技术的重复使用。要想运用好单一技术的重复战术,首先是要练好该技术的基本功,然后根据比赛场上对手的实际情况采用战术,将发挥更大的威力。

5. 组合技术的进攻战术对策

(1)以平高球开始组织的进攻战术

快拉、快吊结合突击的打法,实际上就是以平高球开始组织进攻的战术。单打比赛中,一个球的争夺一般有三个阶段,即控制与反控制阶段,主动出击阶段及最后致命一击阶段。

在羽毛球运动竞赛实战中,我们经常会遇到这种情况:我方从正手后场区开始以直线平高球攻击对方头顶区,对方想摆脱被动局面而反击对角平高球,企图让我方回击直线高球,以便获得主动的位置,此时我方如意识到对方的意图,可反压对方头顶区(采用重复平高球战术)逼对方回击直线高球,在对方偏离中心位置时,迅速采用吊劈对角球,从而控制整个局面。

采用以平高球开始组织进攻的战术必须考虑如下因素:首先,是自己具备较好的平高球控制能力,并且有一定的防守对方进攻的能力。其次,对方的后场进攻能力不是太强,不是一个抢攻型队员。最后,对方的步法移动有弱点,通过高吊球可以控制对方。

(2)以吊劈开始组织进攻的战术

就是指以吊劈开始组织进攻的战术。其中有"吊上网搓球创造突击进攻战术"、"吊上网推球创造突击进攻战术"、"吊上网勾球创造进攻的战术"、"吊杀进攻战术",等等。采用这种战术的条件是:首先,自己要有较好的吊球(劈吊球)技术;其次,对方上网能力较弱;三是对方后场进攻威力很强,为了不让对方发挥优势而采用这种战术。

(3)以杀劈开始组织进攻的战术

以杀劈开始组织进攻的战术,是属于抢攻型队员的典型战术。采用此战术打法需具备良好的速度、耐力和较好的控制网前的技术和步法,是一种威胁很大的战术。

(4)以控制网前球开始组织进攻的战术

当对方常发网前球,我方想组织进攻时就必须从控制网前球开始。首先必须具有较快的上网步法,同时还需具备较好的搓、推、勾、扑等技术。

6. 以路线和区域组成的进攻战术对策

(1)对角路线的进攻战术

无论采用什么技术,都以回击对角路线来组织战术。特别是当对方打直线球时,我方可以以对角路线回击,对转体差或慢的对手是很有效的一种进攻战术。当然,采用这种战术不能太死板,一旦被对方识破意图易产生不利于自己的局面。

(2)三角路线的进攻战术

采用这种战术的原则就是当对方回击直线球时,我方就打对角球。反之,对方回击对角球,我方就打直线球。这种战术的特点是可以使对方移动的距离较远,难度较大,只要能准确地判断出对方回球的路线,采用三角路线的进攻战术是一种较有效果的进攻战术。

(3)攻后场反手区的进攻战术

采用这一战术首先要有针对性,针对对方反手区的弱点,出现如侧身步法差,反拍技术差,头顶区球路死板等情况时采用。此时,我方采用攻后场反手区进攻战术的成功率就会较高。

(4)攻后场正手区的进攻战术

针对对方后场正手区有较大的弱点,如正手侧身步法差,回击正手区球后位置易被拉开,正手区的球路对我方构不成太大的威胁等情况时,采用此战术效果较好。

(5)攻后场两边的进攻战术

对方后场两边有较大的弱点,如后退步法慢,后场手法差,进攻能力和防守能力都较弱时,采用此战术效果较好。

(6)攻前场区进攻战术

对方前场区较弱,如上网速度慢,步法有缺陷,前场手法差,从前场击出的球路及质量对我方威胁不大时,采用这一战术效果较好。

上述的单打进攻战术是分解各个技术单独简述的,其实在比赛中单独使用一种战术而得分的机会不多,高水平的运动员都是在经过多拍的控制与反控制后才能获得主动出击的机会,直至战胜对手。所以,在战术使用上就不能只使用一种战术,而应该将多种战术组合使用,抓住对手的弱点进行组合攻击才能奏效,也不易被对手很快识破你的战术意图。

当获得了主动控制权时,要有熟练而准确的基础技术,清醒的思维能力,再根据对方的站位,技术、战术优缺点,心理情况等情况来考虑下一次击球的路线。组成灵活多变的进攻战术,才能牢牢地控制主动权,取得最后胜利。

(四)羽毛球单打防守战术的对策

防守战术的原则是"积极防守"、"守中反攻"，而不是"消极防守"。因此，要达到"积极防守"、"守中反攻"的目的，就得了解在自己被动的情况下，如何通过调整战术达到夺回主动权所进行的有组织、有目的的战术行动。

防守时必须具备较好的防守能力（包括手法、步法）才能做到"积极防守、守中反攻"。只有具备较好的回击后场高远球的能力、反挡底线的能力、勾对角球的能力、挡及反抽的能力等等，才能运用"守中反攻、积极防守"的防守战术。

1. 打两底线高远球的防守战术

此战术和打两底线平高球战术的不同之处在于：一个是防守战术，一个是进攻战术。高远球是作为防守时使用的技术，而平高球是作为进攻时使用的技术，在使用上一定不能混淆，进行防守时只能使用高远球。如果用平高球去进行防守战术，那么不但不能达到很好的防守效果，反而会增加防守的难度，也不能用高远球作为进攻战术来使用。

2. 采用勾对角网前结合挡直线网前或半场球的防守战术

在防守中特别是勾对角网前战术，作为"积极防守、守中反攻"战术是很有效果的，而防守中再结合挡直线使防守战术更灵活多变，更有威胁性。当然，要打好这套防守战术就要能够准确判断对方进攻的落点，及时到位，使用灵活多变的手法，才能达到"守中反攻"的目的。

二、羽毛球战术与双打项目的关系

（一）羽毛球双打战术运用的种类

双打比单打每方增加了一名队员，而场地宽度仅增加92厘米，接发球区还比单打缩短了76厘米。因此，双打从发球开始就已形成短兵相接的局面。由于进攻和防守都加强了，这更加要求运动员技术全面，能攻善守，反应灵敏。特别是对发球、接发球、平抽、挡、封网、扑、连续扣杀、接杀挑高球及防守反击等诸多技术，要求更高。两名队员配合默契，相互信任，打法上攻守衔接及站位轮转协调一致，是打好双打的关键。

1. 发球

由于双打的后发球线比单打短，在双打中若发高远球，接发球方可以直接大力扣杀，争取主动。因此站位往往压在靠近前发球线处，对发球者造成很大的压力。所以，发球质量、路线的配合、弧线的制造、落点的变化对整个双打比赛的胜负来讲极其重大。

（1）发球站位

发球的站位不同，对发球的飞行路线、弧线、落点等方面都有影响。

①发球者紧靠前发球线和中线。这种站位适宜于反手发网前内角球，球过网后球托向

下，不易被对方扑击。由于站位靠前，也便于下一拍封网。但站位靠前不利于发平快球，一般多以发网前内角位球配合发底线外角位平高球，如图5-8所示。

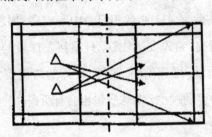

图5-8　紧靠前发球线和中线的站位

②发球者站位离前发球线0.5米，靠近中线。这种站位发球的选择面较广，正、反手都可以发网前球、平快球、平高球，并且可以发各种路线。缺点是球的飞行时间长，对方有较多时间判断处理，发球后如果抢网较慢也容易失去网前控制的主动权，如图5-9所示。

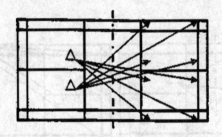

图5-9　离前发球线0.5米，靠近中线的站位

③发球者站在离中线较远处。这种站位主要用于在右场区以正手和左场区以反手发平快球攻对方双打后发球线的内角位，配合发网前外角。值得注意的是，这种发球只能作为一种变换手段。因为这种发球只对反应慢、攻击力差的对手才有一定威胁，如果对方有准备时作用就不大了，而且还会使自己陷入被动。

（2）发球路线的变化

发球路线和落点的选择需注意：

①调动对方站位，破坏对方打法。

②避实就虚，抓住对方弱点发球抢攻。

③发球要有变化。

（3）发球时间的变化

接发球方在准备接发球时，虽然思想高度集中，但因受到发球方的牵制，他要等球发出后才能判断、启动、还击。所以，发球动作的快、慢也应有所变化，不要让接球方掌握规律。

（4）发球时的心理变化

在双打比赛中，有时会出现发球失误。其原因，一个是发球技术不过硬；另一个是受接发球者的影响。由于接球者站位靠前，扑、杀凶狠且命中率较高，加之比分胶着，心情紧张，从而影响了发球质量。遇到这种情况，首先要沉住气，观察接发球者的动向和心理意图，以及接发球的路线和规律，提高发球质量，增强信心。另外，发球的路线要善变且无规律，真真假假、虚虚实实，这样就会减少不必要的顾虑，发球质量也会有所提高。

2. 接发球

接发球方虽然受发球方的牵制，属于被动等待，但由于规则对发球方做了诸多的限制，所以使发球方发出球的威胁减小。接发球方如果判断准确，启动快、还击及时，就能在对方发球质量稍差时采用杀、扑等技术取得主动；反之，则会出现接发球失误或还击不利使自己陷入被动。

（1）接发内角位网前球

以扑或轻压对方两边中场及发球者身体为主要攻击点，配合网前搓、勾等技术，如图5-10所示。

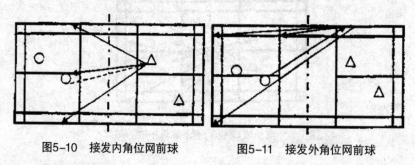

图5-10　接发内角位网前球　　　图5-11　接发外角位网前球

（2）接发外角位网前球

平推对方底线两角以调动后场队员，或直线放网前球把对方一名队员调至边角，扩大对方另一队员的防守范围，如图5-11所示。

（3）接发内角、外角位后场球

应以发球者为攻击点，力争扣杀追身球。如启动慢了，可用平高球打对方底线两角。一般发球者在后场发球后，后退准备接杀的情况居多，这时可用拦截吊球，落点可选择在发球者的对角，如图5-12所示。

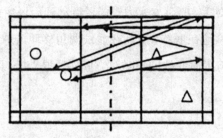

图5-12 接发内、外角位后场球

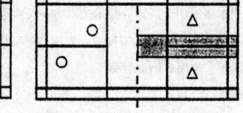

图5-13 攻中路（对方左右站位）

3. 攻人

这是双打中常用的一种战术，就是以人的身体为攻击目标。对付两名技术水平高低不一的对手时，一般都采用这种战术。对付两名队员实力相当的对手也可以采用这一战术。它集中攻势于对方一名队员，常能起到"集中优势兵力打歼灭战"的作用；在另一队员过来协助时，又会暴露出空当，可在其仓促接应、立足不稳时偷袭得手。

4. 攻中路

（1）防守方左右站位时，把球打在两人的中间

这种战术可以造成防守方两人抢接或让球的情况，彼此难于协调；限制对手的回球手段；有利于攻方的封网，由于打中路，防守方回球的角度也小，攻方队员封网的难度就小了，如图5-13所示。

（2）守方前后站位时，把球下压或轻推到边线半场处

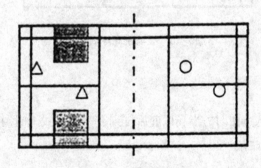

图5-14 攻中场两边线处

这种战术多半是在接发网前球和防守反攻抢网时运用。这种球防守方前场队员拦截不到，后场队员又只能以下手击球放网或挑高球回球，后场两角便会露出很大空当，因而有隙可乘，攻击他的空当或身体位，如图5-14所示。

5. 攻后场

这种战术常用来对付后场扣杀能力较差的对手,把对方实力较弱者调动到后场后也可以使用。此战术多采用平高球等技术把对方一人紧逼在底线,使其在底线两角移动击球,在其还击出半场高球或网前高球时即可大力扣杀。如在逼底线两角时对方同伴后退支援,则可攻击网前空当或打后退者的追身球。

6. 后攻前封

后场队员积极大力扣杀创造机会,在对方接杀放网、挑高球或企图反击时,前场队员以扑、搓、勾、推等技术控制网前,使整个进攻连贯而又有节奏变化,使对方防不胜防。

7. 防守

(1)调整站位

为了摆脱被动,伺机转入反攻,首先要调整好防守时的站位。如果是网前挑高球,那么击球者应该沿直线后退,切忌沿对角线后退。直线后退路线短、站位快,对角线后退路线长,也容易被对方打追身球。另一名队员应根据同伴移动后的情况补到空当位,如图5-15所示。双打防守时的站位调整,都是一名队员在跑动击球时,另一名队员根据同伴的移动情况填补空当。

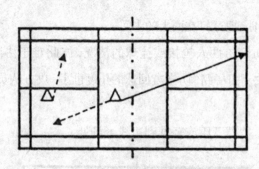

图5-15 网前挑高球后站位

(2)防守球路

①攻方主攻和封网队员在对方半场以前后排列在一条直线上时,接杀球应打到另半边前场或后场位置,如图5-16所示。

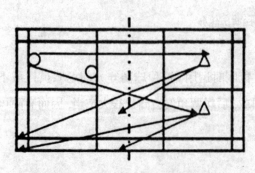

图5-16 攻方同在直线位接杀路线

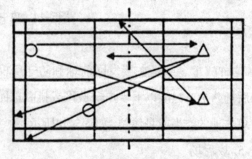

图5-17 对方在对角位接杀球路线

106

②攻方主攻和封网队员在前后对角位站位时,接杀球可还击到杀球者的网前或封网者的后场,如图5-17所示。

③攻方主攻杀对角后,若另一名队员想要退到后场去助攻时,接杀球时可以还击到网前中路或直线网前,如图5-18所示。

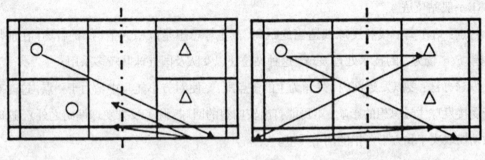

图5-18 攻方同在后场接杀球路线　　图5-19 变换来球方向的防守球路

④把攻方击来的直线球挑对角,击来的对角球挑直线以调动主攻者,如图5-19所示。

关于防守的方法还有许多,但目的都是为了破坏攻方的进攻节奏和进攻的势头,在攻方进攻势头减弱时,防守方即可抓住战机转守为攻,取得主动。

(二)羽毛球双打战术运用的原则

①必须坚持"以我为主、以快为主、以攻为主"的指导思想。

②由于是两人在同一场地的默契行动,因此,互相间的战术配合是至关重要的。

③赛前必须通过各种途径获取对手的相关信息,做到"知己知彼",才能在战术的运用上取得更为有利的效果,达到"百战不殆"。

④为了使战术发挥正常,必须做到互相信任,只有这样才能使战术运用得当,发挥正常。

⑤必须善于观察,及时发现对方的战术意图,并采用各种对应的战术,达到战胜对手的目的。

⑥必须发扬敢打敢拼的拼搏作风。

(三)羽毛球双打进攻战术的对策

1. 发球战术的对策

发球在双打比赛中是一项战术意识很强的战术,它和单打的发球抢攻战术有着同等重要的意义。发球质量好坏是影响得分与失误的重要环节,因此,掌握好发球战术,有利于控制整场局势的主动,对获得胜利有着重要的意义。

(1)以我为主的发球战术

首先需清楚地了解自己的发球优势和第三拍的优点,根据这两种情况来制定发球战术,不应过多考虑对方接发球的能力,应以我方发球与第三拍的回球能力来组织发球战术。

(2)根据对方站位、站法来决定发球战术

目前,双打比赛中接发球的站位法有一般站位法、抢攻站位法、稳妥站位法、特殊站位法四种站法。

①一般站位法

特点:站在离中线和发球线适当的距离,其主导思想是以稳为主。保护后场,在前场以推、搓、放半场为主的技术处理发球。这种站位法以女队及国外球队较多采用。

发球办法:要以发近网内、外角为主的多点配合,使对方不能集中精力于一点,这时对方由于受接发球主导思想的影响,不可能打出较凶狠的回球(除了我方发球偏高之外),这时的主被动权取决于我方下一拍的回击质量。

②抢攻站位法

特点:站位很靠近发球线,身体倾斜度较大,目的是要进行抢攻,威胁发球者,以扑球、跳杀等技术为主来处理接发球,此种站位法以进攻型打法为主的男子队员中采用较多。

发球办法:首先要判断对方的站位目的,判断准确了才能采用相应的发球手段来对付。我方发球应以质量为主,结合时间差、假动作,达到破坏对方想抢攻的目的。

③稳妥站位法

特点:站位离发球线远一些,身体成站立式(倾斜度较小)。这种站位法是一种只求把球打过去,进攻意识较差的过渡站位法。

发球办法:不要发高球,应该以网前球为主,因对方站位较远,必然启动慢,我们发近网球,有利于下一拍的反攻。

④特殊站位法

特点:一般站位法以右手握拍为例,都以左脚在前,右脚在后,而特殊站位法改变为右脚在前,左脚在后。这种站位法一般以右脚蹬跳后击球,不论是上网或后蹬均以一步蹬跳击球。

发球办法:当你还不了解对方改变站法的目的时,发球还是以我为主,但要尽快掌握对方的目的及优缺点,从而制定有效的发球战术。

(3)根据对方打法弱点制定的发球战术

①发球战术。就要考虑给甲球员发球时多发前场区球,反之给乙球员发球时多发后场区球,以便一开始就把对方的队形调动为甲在前,乙在后,不利于对方发挥其优势的队形。

②避开特长、抓住弱点的发球战术。要掌握对方在右场区、左场区的接发球特点,然后再根据对方的这些特长和弱点,制定发球战术。

（4）发球时间的变化战术

发球时间变化要做到快、慢结合自如，使对方摸不准击球的时间。要掌握好这种快、慢结合的发球技术，一定要有熟练的手法动作及合理的用腕技术。

（5）发球的其他变化战术

发球时要做到软硬结合、长短结合、直线对角结合。

①软硬结合的发球战术。

这种发球的作用是使对方在接发球时在击球动作上要求有变化，如对方没变化，就会因为来球的球速有快、慢、软、硬、轻、重等不同而造成接发球失误或失去主动权。

②长短结合的发球战术。

发球时要注意把发后场区内、外角区和前场区内、外角区位结合好。这种发球的作用是使对方在启动和判断上出现错误，造成失误或被动局面。

③直线和对角线结合的发球战术。

前场区的内、外角区位结合，后场区的内、外角区位结合都是直线对角线结合的发球战术，这种战术可以起到破坏对方精力集中于某一点的作用，会迫使对方打出的球无法保证质量，威胁不大，而有利于我方反击。

（6）关于发球质量问题

以上论述了许多有关发球的战术，如果离开了最基本的发球质量问题，那么发球战术的意义就不大了。因此，发球质量是第一重要的。而光有质量却忽视了其他战术的配合，很容易被对方抓住发球的规律。质量和战术要很好地结合才能达到发球的目的。

2. 接发球战术的对策

（1）以我为主的接发球战术

以我为主就是要根据自己在左场区或右场区的接发球优势、特长来处理接发球，而不考虑对方第三拍如何打，即不脱离自己的特长打法为主，结合一些路线的改变。

（2）以攻为主的接发球战术

当对方发球质量较好时，应该采用过渡的技术去处理接发球，然后要能封住对方的路线才能争得主动，当对方发球质量不高时，就应该抓紧这个有利时机采用快速回击，争得主动或直接得分。

这一战术的原则是要根据对方发球的质量情况，作出判断，并采用有效的技术去争取主动权，而不能一成不变地采用一种死板而固定的接发球技术和路线。

（3）接发球战术的指导思想

接发球的战术指导思想应始终贯彻"以我为主、以攻为主、快狠结合"，"快字当头"是体

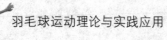

现我国技术风格的问题，如果没有"快"，就很难在前几拍争得主动权，就会处于被动挨打的局面，只有"快"才能体现积极主动、快速进攻的风格，也才能体现中国运动员积极上进、力争上游的思想风格和精神面貌。

3. 第三拍回击战术的对策

第三拍在双打比赛中也是一项重要技术，在战术中有它重要的地位。第三拍的处理和发球是有紧密联系的。如果我们发球目的性强，发球质量又较好，那么第三拍就能保持持续进攻的局面。即使发球质量不高，打出了对方意料之中的路线，那么，第三拍就应考虑如何组织反攻。如果发球的目的性不强，质量又差，那么第三拍就应考虑如何摆脱被动局面。因此，第三拍是保持主动、组织反攻、摆脱被动局面的关键一环，不重视这一环节的训练，那么就会出现主动时保持不了主动进攻的势头，在僵持的情况下无法进行反攻，在被动时也抵挡不住对方的进攻而失误。提高第三拍的技术，要求做到启动反应快，主动跟得上，被动救得起，手法出手快，能攻又能守，球路变化多，从而创造更多的主动权。

(1) 主动时，第三拍保持进攻的战术

当我方发球质量较好情况下，就会使第三拍更为主动，这时，要求在前场的发球者迅速举拍封住对方的习惯球路中，形成两边压网的进攻队形。

总之，一旦获得主动形势之时，要求前、后场的人都能做到击球高、快、狠、硬，压住对方，并做到跟进压网，呈分边进攻的队形，争取在前半场战胜对方。

(2) 在一般情况下，第三拍进行反攻的战术

一般情况即是指对方接发过来的球对我方形成一种既不主动，也不被动的形势。在这种情况下，第三拍处理得好就可控制主动权，反之就变成被动。因此，此时的出手技术要求有一定的质量，要做到高打、快打，过网质量要高，球路要刁钻，做到以速度压住对方，然后呈分边压网之势，以争得前半场优势，迫使对方打出高球便于我方进攻。在这种情况下，快速的采用两边跟进、分边逼网与对方展开对攻战，是争取主动的关键。

(3) 如何摆脱第三拍被动的战术

这是在第三拍经常碰到的问题，可以分两种情况处理。

①对方接发球之后，两边压网的打法较凶，对前半场的球封得较狠。碰到这样的对手，第三拍被动时，一般要求有较快的反应及较强的手腕爆发力，迅速地用高球反挡或拉到两边后底线过渡，让对方从后场进攻，以避免被对方在前半场封住线路。

②对方接发球之后，两边压网的打法不凶，而且平抽、平挡的打法不突出。对这样的对手，我方如被动时有两种处理办法：一是反挡网前球，要求球过网有速度，过网要低、平。此时，对方由于压网不凶，必然只能采用推球的办法，而我方则要马上跟进采用半蹲对攻的办

法，争取从被动中转为主动。二是可采用勾正手及反手对角网前球的打法。因对方压网不凶，势必有一边网前漏洞较大，因此，勾正手及反手对角网前球也可转被动为主动。

4. 第四拍封网分工战术的对策

第四拍封网分工战术，实际上就是两人如何来分工封网跑位的问题。若两人分工明确、严密，跑位配合默契，那么就有利于控制主动权；反之，就有可能陷入被动。

第四拍封网分工战术的规律：通过上述分析，我们可以得到一个规律，接发球方的第四拍封网分工一般是球到对方右场区就封住左场区，球到左场区就封住右场区，即所谓的封住对方的直线球路。而这一规律的特定条件是我方接发球时已获得主动，如接发球不处于主动时，还要按此规律去执行，则往往要被对方通过较好的第三拍反击而破坏掉。当然，对方第三拍的习惯球路是我方视封网分工为依据，如对方第三拍两边球均采用打对角球路，那么一般封直线的规律就行不通，而要改为封对角球了。

接发球质量好，紧接着就是第四拍如何封得紧、封得快、封得狠，以便把进攻保持下去，要将进攻连得上。若第四拍的意识和技术跟不上，则已形成的进攻局面将会中途而废，甚至会陷入被动。因此，除了发球、接发球、第三拍之外，第四拍的训练也是极其重要的。

5. 攻人战术的运用

（1）二打一战术

这是一种经常运用的、行之有效的战术。当发现对方有一个人防守能力或心理素质较差，失误率比较高，或防守时球路单调，就可采用这种战术，进攻中把球尽可能的攻到这名球员的一边。

采用这种战术时，第一，可以集中以多打少，以优势打劣势，造成主动或得分。第二，有利于打乱对方防守站位，另一名球员由于无球可打，慢慢的站位会偏向同伴，造成站位上的空当，有利于我方突袭成功。第三，有利于造成对方站位冲突，互相干扰。

（2）攻右肩战术

此种战术要求每一击的落点要准确地攻击对方其中一人的右肩。如果对方防守能力差，我方容易得分，即使防守好也只能勉强打平球，便于我方同伴的封网。

6. 攻区域战术的对策

（1）攻中路战术

此种战术不论对方把球打到什么地方，我方进攻的落点，都应集中在两人的中间，或在中线上。进攻的落点要根据对方防守的习惯或站位来决定。例如甲防守能力强，乙防守能力差，防守时甲一般会靠近乙，以此弥补乙防守的弱点，这时，攻击的落点就应靠近乙所站的位置。

攻中路战术可达到如下的目的：

①可以造成对方抢球或漏球。

②可以限制对方挑出大角度的球路。

③有利于我方网前的封网。

（2）攻直线战术

这是初学者常采用的最简单战术，也是女子队员最常使用的战术。

攻直线战术指杀球路线和落点均为直线，没有固定的目标和对象。只依靠杀球的力量和落点来取得得分，属于直线战术范畴，如杀直线小对角（小交叉）战术、杀边线战术、边攻边、中攻中战术等。

①杀直线小对角战术：当获得进攻时应该攻击对方的两边，互相结合，而不应只攻一边，形成小对角路线。

作用：对付对方左右摆臂能力较差的防守者时效果较好。比较有利于组织进攻，配合上简单且易封网，是女队最常使用的进攻战术。

②杀边线战术：此战术是在进攻时有目的地将球扣杀到边线的落点上。

作用：对身旁两侧防守较好的队员时，攻杀边线球落点因离身体较远，不利于对方反抽或挑底线球，却有利于我方的同伴网前封网。

③边攻边、中攻中战术：这种战术属于混合战术，即攻边线战术和攻中路战术的组合。当对方的回来球在靠近两边边线时，攻球的落点也在两边线；如对方回球在中间区域时，就以中路进攻。

作用：这是一种混合战术，不易被对方识破，便于我方长时间地运用。使用上较易记住和贯彻，杀边线球虽难度高一些，但效果不错，便于网前同伴的封网。

（3）攻大对角战术

此种战术是指不论球到左半区或右半区都可采用杀大对角的球路进攻，球的落点在对角线的边线位置。采用这种战术要有一定条件，那就是进攻的一方两人都要有一定的杀球力量和速度，如杀球力量小，采用这种打法往往不易成功。

作用：首先是可以造成快速、连续杀球的有利形势，其次是杀球角度大，轮转速度快，击球力量、速度都较快，较有威胁，还可以分散对方的注意力，造成我方进攻成功。但该战术只能作为一种突击运用的配合战术，不能作为连续运用的战术。因为一旦对方察觉我方是采用攻大对角战术时，对方即可采用相应战术来破坏战术的实行。

7. 其他混合战术的对策

（1）一人攻直线，一人攻对角战术

这种战术往往适用于进攻这一方，若一个人后场攻击能力弱，而网前封网能力较好，另一人则相反时, 为了让攻击能力弱者能保持在前场, 往往运用这种战术。

作用: 有利于发挥强有力的进攻威力, 由于两种战术的结合, 不易被对方发觉, 故可较长时间、较灵活的运用。

(2) 攻直线结合攻中路战术

这种战术包括攻直线小对角结合攻中路战术, 攻右肩结合攻中路战术。

作用: 有利于网前同伴的封网, 容易执行但也有相应变化。

(3) 杀球结合吊球, 或吊球结合杀球战术

此战术可简称为杀吊战术或吊杀战术, 是先杀后吊, 或先吊后杀, 或杀杀吊, 还是吊吊杀, 均要视当时双方的情况而灵活掌握。关键在于吊球的质量, 能做到杀、吊一致, 打乱对方的防守阵脚, 有利于我方再次组织进攻。

(4) 短杀结合长杀、轻杀结合重杀战术

这些都属于杀球技术上的变化, 短杀要求速度快、落点近网, 迫使对方迅速向前移动才能防守。当对方移向前挑球之后, 马上扣杀一个长球。所谓长球是指比较线路较长的扣球, 球从肩上擦过, 落在后底线附近, 这样一来一回, 如果对方手法差、反应慢就会处理不好, 造成防守失误。进行连续重杀时结合一个轻杀, 球速慢而轻, 到对方手上的时间也较迟, 这时, 对方防守动作的反应如仍和前几拍一样, 那么, 必然会因出手太快而造成防守不好或失误。

(5) 攻弱点战术

这种战术运用比较广泛, 是针对对方在技术上、思想上、心理上、配合上的弱点进行攻击的战术。

(四) 羽毛球双打防守战术的对策

双打防守是指在本方处于被动情况时, 通过两人的共同努力, 调整战术以达到破坏对方进攻, 由被动转为主动所进行的有组织、有目的的战术行动, 也可以说防守是进攻的开始, 是被动转为主动的重要环节, 最终是为了达到进攻的目的。如果认识不到这一点, 就会陷入单纯防守, 被动挨打, 始终不能摆脱被动的局面。

防守应提倡"积极防守"、"守中反攻", 而不是"消极防守"。在思想上要求做到沉着冷静分析时局, 主动时, 要不失时机地抢攻, 被动时, 果断转入防守, 等待机会及时反击转为进攻。在技术上要求做到大胆拉开不手软, 弧度适当, 路线好, 看准时机反击速度快, 跟进抢位好, 勾对角空当抓得好, 守中反攻轮转快。

1. 挑两底线平高球战术

这是一种比较简单的战术, 不论对方从哪里进攻, 都将球挑到进攻者后场的另一边, 即对方攻直线球, 我方挑对角; 对方攻对角球, 我方挑直线。以达到调动对方移动的目的, 如对

方移动慢,就无法保持进攻位置,若盲目进攻,则有利于我方反攻。

2. 使对方从右后场进攻,再反拉对角平高球战术

这个战术的特点就是处于被动时,一定要把球先打到对方的右后场区,使对方从右后场区进攻,然后再挑对角平高球到对方的左后场区。这是一种容易争得主动权的防守战术,特别是女子双打,争取主动的成功率较高。

3. 挑对角平高球,直线方位的人采用半蹲防守或反击直线战术

被动时要打出越过网前封网者的平球,其弧度比平高球低一些,使对方进攻者无法杀对角线,而只能杀直线,这样就有利于在直线方位的人采用半蹲防守或反击直线,其威胁性较大。

4. 挡、勾网前逼进战术

当遇到后场两边进攻能力很强的对手时,若我方采用挑两边底线球,则无法获得主动的机会,就应采用该战术。在实施这一战术可以从第一拍就开始采用挡或勾网前逼进对攻的战术,也可以先过渡几拍后,转入挡或勾的战术。总之,要以回击网前球来避开对方后场强有力的攻势。这一战术往往是为了争夺进攻权所采用的战术,特别是对付网前扑、推、左右转体不灵活的对手,可以很快获得防守转攻的主动权。

5. 反抽跟进对攻战术

当发现对方网前封网技术较差,封网站位又太靠近球网时,可以采用反抽或半蹲抽挡后跟进对攻的战术。

(五)双打比赛中进攻与防守应注意的其他对策

1. 在获得主动进攻时,应注意的对策

①不要只一味地杀球,而忘记结合吊劈球。

②不要只知用力杀,而忘了点杀和轻杀。

③不要只会一条路线的杀球,而忘了线路的变化。

④不要只会盲目地寻求一个落点,忘了与其他战术的配合。

⑤杀球之后,不要忘记应该还有跟进前后移动或左右移动的问题。

⑥进攻时,不要忘了按既定战术杀球,不要随心所欲地乱打,这不利于网前同伴的封网。

2. 在防守时,应注意的对策

①不要只会挑后场球,而忘了抽、挡、勾结合。

②不要只会挑一个点或一条球路,忘了挑直线和对角线,拉开对方。

③当进行反抽时,弧度要平,速度要快,还得结合勾对角。

④当进行过渡防守时,球一定要从边线走,不要过中路,以免被对方封死。

⑤挑对角高球，弧度一定要越过封网者。

⑥一定要克服自己常打习惯球路的毛病。

⑦反抽、挡之后要跟进，挡、勾之后要逼网。

3. 双打比赛中的思想配合问题

要成为一对优秀的双打组合，除了要熟练地掌握各种基本技术、进攻和防守战术外，更为重要的是要在思想上互相信任，在技术上互相补缺、补漏，在战术上互相了解，在比赛中互相鼓励。有了互相了解和信任，还能互相鼓励的组合，那么，配合问题就能得到很好的解决。

（1）共同的事业心是双打配合中的思想基础

首先要明确为什么而打球？树立正确的人生观，增强事业心，大家都会为了一个共同目标而努力奋斗，有了这个思想基础，配合问题就能迎刃而解。反之，只强调个人的习惯，以我为主，骄傲自大，只看到自己的长处，看不到自己的短处时，配合问题就无法得到解决和提高。因此，解决问题的办法是提高打球的目的性和事业心，解决了思想问题才能解决双打配合中的其他的问题。

（2）思想上要做到互相信任

比赛中如果双方互相不信任，必然会因此造成在球场上紧张失误。思想上要提倡互相信任，如发现同伴某一个基本技术比较差，就应该帮助同伴迅速提高，因为在帮助同伴提高的过程中，实际上也等于是自我的提高。而存在问题的一方也要认识到自己的不足之处，应该更刻苦训练，尽快掌握和改进基本技术和战术，以适应实战的需要。

（3）碰到困难时要做到互相鼓励，互相补缺，不埋怨，不泄气

当同伴由于种种原因发挥不出应有的水平时，一定要热情的鼓励，并努力来弥补同伴的失误，使同伴在鼓励和帮助下，转变态度从而发挥出正常水平。

（4）在战术上要做到互相了解和默契

在比赛中两人要配合得默契，在战术上应做到互相了解，特别是在前面封网的人，一定要做到了解后面的同伴，需在一瞬间作出判断，并马上根据判断做出自己如何行动的决定。如果说这种判断正确的话，那么配合就默契。

总之，两人的思想做到一致，才能打好双打，才能把双打的配合问题解决好。

三、羽毛球战术与混双项目的关系

（一）羽毛球混合双打战术的运用原则

混合双打是由男女队员组成的组合，往往存在男强女弱的情况，所以在战术的运用原则上，除了采用双打战术的原则外，还要从强调如何攻击女队员这一薄弱环节出发，制定混双战术。

（二）羽毛球混合双打进攻战术的对策

1. 发球战术的对策

发球是一项战术意识很强的技术，发球质量的好坏，直接影响到局面的主动和被动，特别是在混双比赛中，在发球问题上和男双与女双有着共同点，但也存在很大差别。首先，要排除恐惧心理。因为男队员上网接发能力和第四拍封网能力要比女队员强，所以就给发球的女队员增加了发球难度。当男队员发球时，由于他不能像男双一样，发球后立即上网封网，而是要兼顾控制后场，因此站位要比较靠后，发球过网的飞行时间要较长，有利于对方接发球。

在混双发球战术中，可以使用双打发球战术中的一部分，如"以我为主"的发球战术，"发球时间的变化战术"，"发球路线的配合战术"等，都属于同一道理，均可使用，不再重复。下面要着重谈发球中如何根据男女队员交替这一特定条件来考虑的站位与战术。

（1）女队员的发球战术

①当碰到女队员接发球时的发球战术。

这是最易过的一关，因为后场区有自己的男队员在接第三拍，而女队员接发球站位及威力也较差，所以要增强信心，再根据对方接发球的优点来制定发球的战术。

②当碰到男队员接发球时的发球战术。

这时，女队员一定要克服恐惧心理，增强自己发球的信心，在这一基础上采用"以我为主"的发球战术，结合假动作（时间差）发后场底线外角区球以打乱接发球者的进攻。在一般情况下，以发挥自己特长的发球区域为主，发球者要能封住前场球，而中场球和扑球均由后场的男队员去处理。

（2）男队员的发球战术

①当碰到女队员接发球时的发球战术。

这一环应该是发球方占有利条件，因为男队员的发球质量较高对女队员有一定的威胁，上面谈到的发球战术，也适用于男队员使用，差别在于女队员发球站位靠前一些，过网时间短，而男队员发球站位靠后一些，过网时间长，有利于对方女队员采取行动。

②当碰到男队员接发球时的发球战术。

在一般情况下，以发挥自己特长的发球区域为主，即采用"以我为主"的发球战术。最重要的是发球弧度要平，球过网之后要迅速下降，这样才有利于我方第三拍的反击。

（3）男、女队员的发球站位与分工

①女队员的发球站位和分工与女双的发球站位与分工基本相同，男队员一般站在后场，负责中后场两边的来球，偶尔还得弥补一下女队员漏击的前半场球。

②男队员的发球站位和分工。当男队员在发球时一般站在后场，而女队员则站在前场区

的右区，发右区时站得离中线远一些，发左区时站得离中线近一些，目的是让同伴发前场外角区球时，不至于阻碍其发球和路线。当然，女队员如何站法也并非一定按此模式，也可根据男队员需要而定。

2. 接发球战术的对策

（1）混双接发球战术与双打接发球战术的相同之处

混双接发球战术也和双打接发战术一样，要根据对方发球质量的好坏和对方发球的优点来决定采用的接发球战术。

（2）混双接发球战术与双打接发球战术的不同之处

混双比赛中，不论男、女队员接球，大都以挑对角半场、直线半场、勾对角前场，以及放网为主。推、扑后场球只有在对方发球质量很差时才使用。而挑半场球及勾放前场球的目的是抓住女队员防守较弱的目的而制定的战术。

如果对方发底线内外角区球时，当女队员发球后分边防守，我方应集中攻击对方女队员防守区；如果男队员发球且女队员只防守一角时，应吊对方右前场，杀对方的两边线球。相反，如对方是从左场区发球，换另一边攻击区。

接发球后男队员应保持在后场，女队员则在前场。因为男队员接发球后还得迅速退到后场控制底线区，这就使男队员接发球不能太凶。

除此之外，有的男队员接发球后就到网前封网，但为数不多，只有当对方发球质量差，前三拍无法挑到我方后场的情况下，才可以到网前封网。

（3）接发球的主导思想

提倡混双接发球的主导思想是："快字当头、以稳为主、狠变结合、抓住女队员。"

快字当头。这是体现我国羽毛球风格的主题。如没有"快"字，就很难在前几个回合争得主动权，只有"快"才能体现积极主动、快速进攻的风格，才能体现中国运动员积极上进、力争上游的精神面貌。

以稳为主。因为接发球不稳，易造成失误而直接失分。

狠变结合。在对方发球质量不好时，我方可以凶狠一些去处理球；当对方发球好时，要灵活、多变，不要打太多习惯球路。

抓住女队员。这是对方的薄弱点，我方在接发球时，必须抓住对方薄弱点——女队员去处理球。要把球打到女队员的防区，争取主动，迫使女队员打出高球，或后场球，以利于我方男队员控制局面。

3. 第三拍回击战术的应变

混双的第三拍和双打一样有着重要的地位。在主动时，保持进攻；僵持时，积极反攻；被

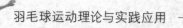

动时,摆脱被动。在这三种情况下使用的战术,其意义和双打是同样重要的。

(1)主动时,第三拍保持进攻的战术

当我方发球质量较好时,有两种情况:一是女队员发球时,女队员可直接封住前半场区,因为发球好,迫使对方回球向上,所以只要能举拍就能封住前半场。当女队员封左边时,右边网前的防守要由男队员负责;而当女队员封右边时,左边网前的防守要由男队员负责。二是当男队员发球的,则由女队员去负责封网。从右场区发球时,由于女队员的站位是在左前场区,因此,当男队员发前场内外角区球时,女队员就专心地封好左前场区和中路网前,如果对方如回击右前场区是弱区,则由男队员去补救。从左场区发球时,情况就不一样了,因女队员的站位靠近中线,当发前场内角区球时,女队员可封整个前场区;当发前场外角区球时,女队员重点封住两边线。

(2)常规第三拍进行反攻的战术

在一般情况下,对方回击的球,对我方不构成威胁时,我方只要处理好,便可获得主动权,处理不好就会造成被动。因此,出手和球路问题成了关键性技术。首先得判断对方接发球后的站位及分工情况,再来考虑我方应打怎样的球路才能有利于获得主动权。

(3)被动时如何摆脱被动的战术

当处于被动时,可分两种情况处理:其一,对方接发球后两人的站位均偏前,如男队员接发球后的位置偏前或者女队员接发主动球后,男队员也向前逼网时,网前两边都很难打,最好的办法是把球挑到后场两底线,过渡一下,让对方从底线进攻,我方再开始组织反攻。若我方女队员防守能力较强时,一定要把球挑到后底线,再由女队员防守转入进攻。此时,最忌挑球高度不够,打不到底线,就易被对方拦击。其规律就是当对方控制网前较紧时,就得想尽办法先把球打到底线,防守中反攻。

其二,对方接发球后,如男队员接发球后急于回移照顾后场,那么网前就会出现了漏洞。此时,我方可迅速回击至空当区域,就有可能转被动为主动。在这种情况下,一定要有较好的回击质量,不然无法摆脱被动局面。

在被动时,一定要冷静分析对方,把球打到空当区域去。

4. 第四拍封网分工战术的对策

第四拍封网分工战术,主要是指两人如何分工封网的问题。

有一个普遍规律,即女队员接发前场内外角区球,能主动回击时,女队员就封住对方的直线球路,而男队员则看守其他的区域;如接后场底线内外角区球,能主动回击时,女队员可回移封直线前场区,而男队员则看守其他三个方向的来球。如不能主动回击则无法回移时,女队员只能防守在后场区过渡一下,男队员则要看守前场两边和后场的另一区。

当男队员接发前场内外角区球时,如能主动回击,应由女队员封住对方的直线球路。女方除要控制网前球之外,还要和男队员保持一个错位,以封住对方反抽对角平球,此时,女队员站位和男队员成对角,有利于封住对方抽对角的来球。这点也是混双不同于男子双打的另一个特点。特别是在进行中场抽、推球时,女队员能否封紧对角平球,至关紧要,而男队员则看守其他的中后场区球。

5. 攻女队员战术的对策

这是混双战术的核心战术,当一方获得主动进攻或在寻求进攻机会的过程中,如何熟练地使用攻女队员战术是很重要的。

(1)获主动进攻时,运用攻女队员的战术

当获得主动进攻时,对方已形成男女两边防守的阵势时,我方就要抓住这有利时机运用攻女队员的战术,如攻右肩战术、杀吊的结合战术、杀小交叉的战术、杀中路的战术。总之,应该集中精力全力攻击女人员防守区域。

(2)两边中场控球时,运用攻女队员的战术

所谓中场控球的概念,就是对方击球,我方未陷入被动,处于控制的阶段。

要明确此时是处于控制阶段,不要把球打到对方男队员区域,而应该把球打到女队员的防守区域,以便从中获得主动权。

在处理这种球时要注意的是"巧打",而不是"硬打"。特别要注意对方女队员的封网意图,最要紧的是有高质量的回击球:一是球路要出乎对方女队员之判断,二是要有高质量的过网弧度,弧度要平,不易被女队员拦截,只能推球,这样就有利于我方控制。

(3)接发球时,运用攻女队员的战术

当我方接发球时,可直接运用攻女队员的战术,总的要求就是把球回击到前场,如放网、放对角网前、轻推直线半场或轻拨对角网前等,这些球都会促使对方女队员跑动回击,如接发球质量好一些,我方就可获主动进攻权,甚至直接得分。

6. 攻中路战术

混双比赛中,对方男队员在进行两边中场控制时,能力很强,威胁很大,他将直线结合对角处理得很好,使我队防守的区域扩大,特别是女队员不易封住对方回击球。此时,可改用攻中路战术,会使对方的优点无法发挥,由于对方在处理两边线球时的手腕控制能力较强,而打中路时,对方这一优点无法发挥,对方还是用以前的角度击球,就有可能会造成角度太大而出界。另外,因为球在中路,对方易回击直线,我方女队员也易封网。总之,运用这一战术的作用一是让对方优点无从发挥,二是使我方男队员的防守范围缩小。

（三）羽毛球混合双打防守战术的对策

混合双打的防守需要做到"积极防守"、"守中反攻"。如果因防守不积极而陷入"消极防守"之中，那就很容易被对方抓住女队员防守的薄弱环节而加强进攻。因此，当处于被动防守时，一定要有"积极防守"、"守中反攻"的意识，才能尽快摆脱被动局面而转入反攻。

混合双打处于被动时，多数情况下是由对方男队员从后场进行进攻，只有在个别情况是由女队员在后场进行进攻。因此，提出如何在对方男队员进攻情况下采取"守中反攻"的防守战术，是很有必要的。

1. 挑两底线平高球战术

该战术即对方杀直线，我方挑平高对角；对方杀对角，我方挑平高直线，以达到调动对方左右移动的目的。如对方移动慢就无法保持进攻或盲目进攻，有利于我方反攻。

2. 反抽直线勾对角战术

当对方男队员从两底线进攻站在对角线的我方女队员时，我方女队员可采用反抽直线结合勾对角战术，能最大限度地调动对方，并抓住其漏洞。但要注意回球必须越过对方女队员的封网高度。

3. 反抽对角挡直线战术

当对角男队员从两底线进攻站在直线的我方女队员时，我方女队员可采用反抽对角结合挡直线的战术，但同样也要注意回球必须要越过对方女队员的封网高度。

4. 挡直线、勾对角网前战术

当对方男队员从两底线进攻我方女队员时，我方可采用挡直线结合勾对角网前的战术，可以避开后场强有力的攻击。

（四）羽毛球混合双打比赛中应注意的其他对策

1. 从统计资料中得出的规律性的问题

①从发球路线看：主要是以发前场内角区为主，其次是前场外角区和后场外角区，很少发后场内角区球。

②从接发球的球路看：主要是以接发对角线（小对角）为主，特别是从前场内角区接发两边中场球较多，而且落点均在两边中场球，其次是后场球，放网前球极少。

③行进间球路的规律是以直线为主。

2. 根据以上规律我们应注意的问题

①注意处理好前场内角区的接发球。

②第三拍要注意处理好两边中场球，控制好两边中场球。

③在行进间女队员要特别注意封直线球，兼顾对角球。

3. 在技术上要注意的问题

①在手法上要注意掌握变线能力及控制能力,盲目地用力击球,往往会控制不住球,变线能力也不行。

②击球点上要注意高点击球,这样有利于平推、平抽和下压球。

③在击球时间上不要一味地追求快打,而缺少快慢结合。要注意利用假动作、时间差击球。

④女队员在封网击球的用力问题上,要注意能向下扑杀的球才用力扑压,不要太用力,以免让对方后场的男队员控制,应以轻推半场球更为有效。

⑤女队员的网前站位不要太靠近网前,这样有利于增强封网能力。

⑥封网时,球拍要举高一些,以便直接向前或向下封压。减少向后引拍的时间,提高封网的威胁性。

⑦在封网的步伐上要注意封到球之后不要急于向中场回移。

⑧当双方男队员在进行多拍进攻的过程中,女队员没把握不要随意去抢球,应注意对方变线抽对角,女队员要能封得住,以减少男队员的压力,以利于男队员调整到有利位置。

⑨当我方获得主动进攻时,对方女队员已退至较好的对角防守位置之时,不要勉强去攻击对方女队员,而应采用过渡进攻的办法,使自己获得更有利的进攻位置,再进行第二次进攻。

(五)混合双打比赛中的思想配合问题

在这个问题上和双打的思想配合是一样的,在这里不再重复。总之,混双也是要在思想上能互相信任,在技术上能互相补缺、补漏,在战术上能互相了解,在比赛中能互相鼓励,能做到以上几点,才能使男女队员在配合上无懈可击。

第六章　核心力量训练在羽毛球训练中的作用

第一节　核心力量训练与羽毛球训练

近些年，核心力量训练逐渐成为世界体育界重点研究的对象，并在体育领域中得到了广泛的应用。但在国内体育领域，核心力量训练还属于一门新课题，尚处在初级摸索阶段，尤其对于羽毛球项目来说，对核心力量训练进行系统研究的专家并不多。通过本章的论述，希望能够给相关专家学者提供参考，促进我国羽毛球事业更好的发展。

一、核心力量训练的积极作用

核心力量训练不仅可以帮助运动员稳定核心部位，同时还可以使运动员更好的控制中心，使身体四肢更加协调，改善训练效果，提高训练效率。核心力量训练方式相对传统的普通力量训练方式更加注重对肌肉的控制，增进了肌肉群之间的协作和配合，利于身体与力量的协调合作。核心力量可以针对身体核心部位重点训练，对力量在四肢的传递具有承上启下的作用。在羽毛球项目中应用核心力量，可以改善训练效率，帮助运动员更好地进行击球发力。

二、羽毛球训练的主要特点

羽毛球项目的主要技术特点是速度快和力量大，为了有效提高运动员的技术水平，在训练中要将战术、技术，以及体能三者有效结合。在羽毛球训练中，教练经常强调"狠、准、稳"，并且速度快是平时训练的核心内容。运动员在训练的过程中，在储备好身体能量的同时，还要总结出相关经验来实现对身体平衡性的控制，在运动中保持肢体的协调性。同时，羽毛球训练还具备较强的层次性，体能和技能是训练的基础，战术能力则是在此基础上更高一级训练。但是，力量训练可以起到支配身体的作用，是基础训练中的基础。

三、核心力量与羽毛球项目

核心力量并不是用于直接发力，是通过加强核心部位的稳定性，调整人体姿态，维持身体平衡，为力量提供支点。羽毛球项目属于灵活多变的运动项目，在比赛中下肢需要长时间、多频率的跳、跨、蹬，上肢还要连续进行击球。核心区域躯干作为维持身体平衡的重要区域，在协调上肢挥动以及下肢奔跑上具有关键作用。躯干是四肢的固定点和附着点,是支撑四肢发力和运动的根基。通过相关专家对羽毛球运动员进行核心力量训练的研究后发现,运动员增加核心力量训练后,可以明显提高运动机能,有效提高训练效率。

第二节　核心力量训练对于羽毛球训练的关键作用

一、提高训练效果,控制身体平衡

核心力量训练的目的就是帮助运动员维持身体平衡,控制自身重心,衔接和传递四肢力量。在羽毛球的日常训练中引入核心力量训练,可以提高运动员的训练效果和效率。羽毛球作为一项不直接进行身体接触的体育项目,在比赛中,需要运动员合理控制全身肌肉,要求反应迅速、协调自然,在网前要有细腻的技术控制球的落点,在后场还要具备强大的杀球能力以及瞬间爆发力。传统的力量训练手段,只重视下肢和上肢的力量,对于躯干核心力量的训练没有给予充分重视,这对需要速度、耐力以及力量的羽毛球项目来说,很容易出现隐患,不仅增加了运动员在训练中出现身体伤病的概率,还会使运动员的肩部及膝盖出现不同程度的劳损。不仅如此,还会阻碍运动员在比赛中充分发挥技战术,从而影响运动员取得优异成绩。在平时训练中引入核心力量训练模式,不仅在训练中节省体力,降低伤病的概率,还可以使运动员在比赛中游刃有余的发挥教练既定的技战术,帮助运动员取得优异的比赛成绩。

二、提高训练效率,减少力量浪费

核心肌群如同汽车缸体,臀部肌肉和背部肌肉在后,腹肌在前;横膈肌如同盖板,环绕髋部与盆底肌肉如同盒底。当运动员四肢发力的时候,核心肌群的力量由身体中心向四肢进行传递,以此提高四肢的力量及工作效率。核心部位是人体最大的肌肉群,其储存的能量和产生的力量也是最多,运动员在进行羽毛球击打过程中,杀球动作虽然在表面看来是由上肢力量以及腿部力量配合协调完成,但其产生动力的根源是核心肌群,再由动力链向四肢传递。经过反复的研究和调查,如果运动员身体平衡性强、核心力量优秀,其杀球速度要明显高于其他运动员,这正是核心力量所带来的功效。同时,如果运动员具备核心力量,那么在其腾空时,腿部肌肉可以得到充分的放松和恢复时间,为连续起跳做好充分准备,减少运动员的能量消耗。

三、减少损伤,缓解疲劳

运动员在疲劳状态下进行跳跃和激烈运动,会导致出现伤病。由于羽毛球项目比赛时间

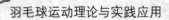

较长，因此，对运动员也有较高的体能要求，而膝关节作为支撑关节，也是运动员最容易出现伤病的部位，也是伤病最严重的关节。经过相关专家长时间的研究和调查，核心力量训练可以有效缓解运动员的身体疲劳，减少膝关节和其他部位出现伤病的概率，对效预防身体伤病有关键作用。

经过研究调查，核心力量可以加强躯干和四肢的力量联系，维持运动员的身体平衡，在运动中保持身体的协调性。在训练中引入核心力量训练可以帮助运动员控制身体重心，避免浪费多余力量，提高运动员的竞技能力，降低运动员出现伤病的概率。目前，在羽毛球项目中核心力量训练已经得到广泛推广和应用。

第七章　羽毛球运动损伤

第一节　羽毛球运动中常见的损伤及预防措施

一、手腕关节损伤

在羽毛球运动中,手腕关节损伤是较容易出现的损伤,由于羽毛球的技术要求,无论是在进行击打、扣杀及其他动作球时都要求手腕有基本的后伸和外展动作,然后根据不同的技术要领,手腕快速伸直,鞭打击球或手腕由后伸外展到内收,内旋闪动切击球,手腕在这种快速的后伸和鞭打动作中,还要做出不同角度的外旋及屈收动作。因而手腕部的三角软骨盘不断受到旋转辗挤容易造成损伤。因此,羽毛球爱好者在进行羽毛球运动时,应该特别注意手腕的准备活动,长期坚持做好手腕损伤的预防工作。手腕损伤的预防措施有:①可用小哑铃或沙瓶负重做腕部练习,增加腕部力量,次数与重量视个人情况掌握,以每次练习出现小臂酸胀为止;②加重球拍的重量绕"8"字练习,以加强和改善腕部的肌肉活动能力;③也可用砖头代替重物,同时还可以增强手指力量。运动时带上护腕或用弹力绷带加固,练习量视个人情况自行掌握。

二、网球肘

时常会听打羽毛球和网球的朋友说起肘部隐约感觉疼痛的问题,这可是个相当危险的信号,让我们来看看"网球肘(Tennis Elbow)"是怎么一回事。"网球肘"学名为"肱骨外上髁炎",因多见于网球运动员而得名。经常反复伸屈腕关节,尤其是用力伸腕而又同时需要前臂旋前、旋后的动作非常容易引起这种损伤。在羽毛球和网球运动中,由于固定拍型的需要,腕、肘(前臂)部肌肉必须高度紧张(特别在击球瞬间达到顶峰)才能与来球的强大力量相对抗,经常如此,使得腕、肘部肌腱纤维受到反复牵扯而发生劳损,肌腱的牵扯损伤发生后,操作性炎症反应引起疼痛。其症状为,初期只感到肘关节外侧酸困和轻微疼痛,或仅在用力伸腕与前臂用力旋前、旋后时出现局部疼痛。病情发展时,肱骨外上髁部发生持续性疼痛,疼痛可向前臂外侧扩散,患者手的力量减弱,持物不牢,揣提重物、拧毛巾、反手击球时,肘外侧疼痛尤为显著。

如果打球时已经出现肘疼的现象,那么无论轻重都应该引起你的警惕,否则任其发展,你将不得不忍受它所带来的诸多痛苦和不便,并且极难在短时间内治愈。网球肘的预防措施

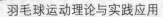

①纠正直臂击球的动作，让大臂和小臂无论在后摆还是前挥的时候都保持一个固定且具弹性的角度；②用支撑力较强的护腕和护肘把腕、肘部保护起来。限制腕、肘部的翻转和伸直；③打球时，于前臂肌腹处缠绕弹性绷带，可以减少疼痛发生，但松紧需适中；④一旦被确诊为网球肘，则最好能够中止练习，待完全康复并对错误动作进行纠正之后再继续进行练习；⑤早期症状轻微时，按摩、理疗效果良好，疼痛加重后可采用中药、针灸疗法，个别病例在用保守疗法无效后可考虑手术治疗；⑥穿弦时减小磅数并选择细一些的弦，松软一些的拍面可以帮助击球者吸收一些振动力，也可以帮助球员更省力地击出落点较深的球。

三、肩袖损伤

肩袖损伤也是在羽毛球运动中多发的一种损伤，这是由于在羽毛球的各项技术中，无论是正手，还是反手击球时，其基本动作都需要右（左）臂后引，胸部舒展，当球落至前额上方击球时，上臂向右（左）上方抬起，肘部领先，前臂自然后摆，手腕后伸，前臂急速内旋带动手腕屈收鞭打发力。因此，肩关节进行无数次这种运动时，使得组成肩袖的四块小肌肉常处于离心性超负荷状态，从而造成肩袖损伤。因此，运动爱好者在进行运动时，也同样需要注意准备活动的充分，在打球中应注意技术动作的规范性。肩袖损伤的预防措施：加强肩部力量训练及肩部的柔韧伸展训练，用一定重量的物品置于肘部，平举至与肩同高，持续1~2秒为一组，每次4~6组，每组间歇时注意放松，放松时肩部进行正压、反拉及前后绕环练习。

四、膝关节损伤

调查中发现，膝关节处是最容易重复发生的一类损伤。在羽毛球的运动中，经常会出现瞬间变向，侧身及前屈、后伸、起跳、跨步、后蹬等动作，膝关节的稳定装置不断承受剧烈拉扯力，一旦某个动作不协调和过度用力、过度疲劳容易引发膝关节的急性损伤。因此，在进行羽毛球运动时，特别要注意这种重复发生率高的动作。膝关节损伤的预防措施：采用静力半蹲或负重静力半蹲来增加该部位的力量。如果股四头肌的力量强，运动中承受负荷的能力就强，出现劳损的可能性也就会小些。做加强力量的练习时膝关节弯曲的角度可由小到出现膝痛的角度开始，慢慢加大到不超过90度，每次练习时间可由5分钟开始逐渐增加到半小时以上，练习时，以出现股四头肌轻微的抖动为止。

五、踝关节损伤

有关研究资料表明，运动中造成踝关节的主要原因是支撑落地脚不稳，技术动作不良，带伤练习，起跳动作错误及准备活动不足。而在羽毛球运动中，全场移动、跨步支撑、起跳落地都将用到踝关节。因此，运动爱好者了解和掌握预防踝关节损伤的方法是十分必要的。踝关节扭伤后，绝不能再继续运动，不能马上揉搓。不能在没有检查伤病轻重的情况下，立即用冷水冲洗来达到冷敷止血的目的，因为在冲洗的过程踝部会迅速肿起来，要是损伤严重的话会给治疗带来麻烦。不能在没有检查伤病轻重的情况下，就上药物包扎，因为有的会出现皮肤过敏反应。在出现损伤后立即用拇指按压痛点（韧带的断裂部）止血。一般扭伤不严重的话，停止10~20天运动即可痊愈。伤势严重者应该立即到医院看医生。

踝关节损伤的预防治疗措施：①运动前注意热身，注意鞋要松紧适度；②运动中注意避免过度疲劳；③尽量少腾空跳起；④加强踝关节周围肌肉的力量练习，如负重提踵、足尖走、足尖跳；⑤出现踝关节损伤后，一定要及时检查、确诊，以免误诊导致伤情加重。

六、腰肌扭伤

羽毛球运动的技术特点，要求腰部处于不断地过屈（如弓步接吊球，跨步接球，搓网前球）或过伸（如扣球、杀球、击后场高球）。在重复做这些动作的过程中，腰很容易受到损伤。运动爱好者在打球时注意力不集中，肌肉过于放松，动作技术错误，准备活动不充分等，这些原因容易造成急性腰肌扭伤的发生。当出现急性腰肌扭伤时，腰部会出现持续局限性疼痛，行动困难。在咳嗽、喷嚏时症状加重。次日可因局部出血、肿胀、腰痛更为严重；也有的只是轻微扭转一下腰部，当时并无明显痛感，但休息后次日感到腰部疼痛，腰部活动受限，不能挺直，俯、仰、扭转感到困难，咳嗽、喷嚏可使疼痛加剧。腰肌扭伤后一侧或两侧当即发生疼痛；有时可能受伤后半天或隔夜才出现疼痛，腰部活动受阻，静止时疼痛稍轻，活动或咳嗽时疼痛较重。当发生急性腰肌扭伤后，立即停止运动，严重者应立即送往医院；防止因延误治疗而转为慢性。扭伤初期宜睡硬板床，注意保暖与休息，伤情较重者需休息 2~3 周。治愈后应尽量避免再次扭伤，必要时可采取用宽腰皮带外束，以保护腰部。

七、抽筋

学名为"肌肉痉挛"，最易发生于小腿及足底部。抽筋的原因大致有以下四个方面。

（一）寒冷刺激

肌肉受到低温的影响，兴奋性会提高，易导致痉挛。在气温比较低的环境中运动时，如果未做准备活动、做得不充分或未注意保暖，肌肉痉挛更容易发生。

（二）电解质丢失过多

电解质与肌肉的兴奋性有关，运动中大量排汗，特别是在长时间的剧烈运动后或在高温环境下运动时，电解质随汗液大量丢失，而电解质丢失过多会使肌肉兴奋性提高，继而发生肌肉痉挛。

（三）肌肉连续过快收缩而放松不够

在练习或比赛中，肌肉过高频率地连续收缩而放松时间又太短，收缩与放松不能协调地交替进行，这会很容易引起肌肉痉挛。

（四）身体疲劳

身体疲劳会影响肌肉的正常生理功能，肌肉疲劳时血液循环和能量物质代谢有所改变，肌肉中会有大量的乳酸堆积，乳酸不断地对肌肉的收缩起作用，致使痉挛产生，特别是局部肌肉疲劳状态下再进行剧烈运动或做些突然紧张用力的动作则更容易引起肌肉痉挛。出现抽筋时，只需以相反的方向牵引痉挛的肌肉都可使其缓解。牵引切忌用力过猛，用力宜均匀、缓急适中，以免造成肌肉拉伤。除此之外，还可配合局部按摩，如按压、揉捏等，处理时要注意保暖。预防抽筋首先要加强身体锻炼，提高肌体的耐寒力和耐久力，其次是运动前必须认真做好准备活动，运动过程中注意电解质的补充和维生素 B1 的摄入。最后，疲劳和饥饿时不宜进行剧烈运动，运动后要注意放松。

第二节　较少发生的损伤种类及预防措施

一、跟腱断裂

在羽毛球运动中，跨步、起跳击球较多。因此，在运动中，由于强烈的急停、变向或跟腱韧带劳累过度容易引起跟腱断裂。在以下情形中容易发生伤害：拉力产生过快，斜向受力方向、受力前以施加外力。调查中发现，跟腱断裂的发生率虽然不高，但是它的重复受伤率却比较高，并且跟腱断裂的发生对运动爱好者将会带来诸多不便，并且治疗的时间也比较长，因此，对跟腱断裂的预防应引起广大运动爱好者的注意。跟腱断裂通常有明显的外伤史，患者常有小腿被踢或击打的感觉，有时可听见"嘭"的巨响。患者会立即感觉到疼痛或轻微疼痛。有些患者不能行走或行走困难。患足多呈外旋位，即所谓的"八字脚"。在发生这样的情况下应立即停止运动，去医院检查跟腱是否断裂，应进行及时治疗，以免耽误最佳治疗时间。

预防治疗措施：①在运动前做好充分的准备活动，以便将身体的兴奋点调节到最适宜的状态，使肌体各部的机能活动加强。②运动中需要注意加强自我保护，踝关节处使用护套；增加运动量必须是个循序渐进的过程。③如果运动中出现疲劳或疼痛时，则要休息几天。激烈运动后，第二天应休息，以求适度舒缓。④正确掌握技术动作要领也十分重要，并要在完全掌握技术动作要领后再开始练习。

二、眼部损伤

羽毛球运动中发生的眼损伤虽然较少，但有可能造成严重的视力障碍，影响运动和日常的生活。有关研究表明，羽毛球运动因为球速高及使用球拍而属于高危眼伤运动。在各种球类运动中，羽毛球运动中的眼伤发生率最高。

第三节　羽毛球训练中肩关节损伤原因及治疗

一、羽毛球训练中肩关节损伤原因

（一）局部训练负荷过大

青少年肌肉力量相对较差，又常忽视肩部肌群的力量训练，加之训练不系统、手段单一、内容单调，长时间采用单一的划水练习，局部负担重从而引起损伤。

（二）训练水平不够

在刚开始系统专项训练时，运动员的身体素质暂跟不上技术动作特点的要求，或存在技术动作的错误使用而导致肩关节损伤。

（三）技术动作不合理

羽毛球运动中，要求动作的突然性和爆发性。如果错误的转肩和摆臂技术，极易造成动作不协调，违反了身体结构特点和力学原理而导致损伤。

（四）激烈的比赛测验

进入竞赛阶段，其竞技水平达到最佳状态时，常因速度过快，动作过猛、力量过大，而引起肩关节损伤。

（五）准备活动不足

在羽毛球练习之前，忽视肩关节的准备活动。

（六）旧伤未愈

初期的肩关节劳损未得到充分的恢复，继续进行活动就会出现疼痛。

（七）缺少放松练习

羽毛球运动中肩部肌群负荷最大，运动后由于缺乏放松练习和牵引练习，往往造成肌肉疲劳积累。

二、肩关节损伤的症状与治疗方法

羽毛球运动员肩部肌肉劳损初期，肩部的感觉与平时不同，即肌肉的酸痛比平时厉害。继续训练后，肩部的疼痛就会加剧。一旦肌腱与韧带或骨骼相摩擦，肌腱出现炎症时，首先

是肩部向上方活动时会感到深处疼痛，尤其是转肩，由肩带肘这个阶段，肩部疼痛感加剧。虽然在炎症出现时仍可坚持挥拍，但在不断挥动手臂时，由于肌腱、韧带、骨骼的摩擦，会使有炎症的肌腱暂时消肿、痛感减轻。但是，当停止活动时，运动员如果将肩部朝头部上方活动时，肩部又会出现阵痛或发硬的感觉。

（一）轻度损伤

练习完后轻微疼痛，尤其是肩的前部和顶部一触即痛。但过一段时间即可好转，这表明肌腱轻微发炎。治疗方法可用冰块或超声波，按摩肩膀前部穴位约 20~30 秒，一天擦 1~2 次，于训练后进行，这样可以大大减轻疼痛并有消肿作用。此外，服用一些轻度的消炎药物，可减少痛感和减轻炎症。

（二）中度损伤

肌腱发炎更为严重。在训练开始时突发疼痛，但随后又逐渐消失。休息时疼痛复发，不过仍不影响比赛。此时的治疗方法与轻度时相同，采用针灸、理疗之外，在训练计划中应减少杀球的挥拍练习或将上手技术训练改为下手技术动作的训练，以减轻肩部肌肉的负担。若关节运动受限，可采用关节被动运动手法和抗炎症药物治疗。

（三）重度损伤

其炎症已发展到经常性的疼痛，肩周一触即痛，以晚间为甚。此时应马上休息，辅之理疗和抗炎症药疗相结合的手段，直至完全恢复，才能允许参与训练。症状严重者，应及时就医，必免伤情加重。

三、肩关节损伤的预防方法

（1）一旦发现肩关节损伤，必须减量、停止训练或者是改变技术训练方式，同时要加强治疗，处理好治疗和训练的关系，以免在同一部位多次损伤造成劳损。

（2）教练员应根据运动员身心发育的特点，合理、科学地安排运动负荷和负荷强度，避免局部负担过重而引起肩关节损伤。

（3）训练和比赛前应加强易受伤部位的准备活动，培养运动员自我保护的意识和能力，把肩关节损伤降到最低程度。

（4）加强运动员自我控制和调整运动负荷的能力，及时了解伤情，早发现、早治疗。

（5）掌握正确的技术方法。对于初学者来说，要正确掌握技术要领，避免错误的动作造成肌肉的拉伤。

第四节 羽毛球训练中膝关节损伤原因及治疗

一、羽毛球训练膝关节损伤的原因

膝关节作为人体重要关节其构成十分复杂,由股骨内、外侧髁和胫骨内、外侧髁及髌骨构成,其骨骼组织之间由韧带加以坚固。因两端杠杆较长而依附在周围的肌肉较少,所以膝关节成为了羽毛球运动中最容易损伤的关节。

(一)基本功不扎实,动作不到位引起的膝关节损伤

如果运动员动作不正确或者不能有良好的自我保护能力很容易在运动中受伤,这其中较常见的动作有前冲止动和回动时外翻,此类动作需要关节头部和关节窝之间不断产生摩擦和轻微撞击,从而引起膝关节内侧的韧带和一系列软组织挫伤,以及半月板损伤和损伤性滑膜炎等。

(二)长期处于运动量大的状态下所引发的膝关节慢性劳损

部分羽毛球运动员在运动中,不断加大运动量,从而使膝关节的头部和窝部不断反复曲张摩擦,长此以往,造成韧带的局部变形和关节面的磨伤。基于运动年限的限制,往往是时间越长所引发的伤病越多。

(三)股四头肌力量不足

在羽毛球运动中,无论是启动、止动,还是半蹲准备姿势都是依靠股四头肌的力量完成的,如果股四头肌力量较弱,运动中的冲击力强度超过股四头肌所能承担的负荷量时,很容易引起膝关节的损伤及引发其他一系列伤病。

(四)场地设施不合格

正规比赛中羽毛球场地一般采用PVC塑胶运动地板,软硬程度适中且具有微弱弹性,场地太软或太硬,以及场地表面凹凸不平都会引起运动员膝关节的损伤。

(五)自身原因造成的一系列膝关节损伤

羽毛球运动中应随时保持充沛的体力、注意力及较强的反应能力。运动员在运动开始前并没有做好准备活动或者因为自身压力和疲劳等原因造成的情绪失落时,消极对战,那么在羽毛球运动中极易出现的膝关节损伤。

(六)在关节损伤未康复的情况,过早进行运动

膝关节损伤需要一段时间的康复,在此期间应适量运动,如果因为自身原因而着急投入训练型运动中,那么很容易造成膝关节病的复发及加重,更容易导致急性损伤转变为慢性损伤,以后更加难以痊愈。

二、膝关节损伤症状及治疗方法

(一)膝关节副韧带及膝前交叉韧带的损伤及治疗

膝关节两侧的副韧带用来调节身体运动的稳定性。膝关节韧带自身质地比较薄弱,在进行羽毛球运动时,因过激反应会造成膝关节韧带不同程度的损伤,容易引发膝前交叉韧带的扭伤。

治疗方法:根据膝关节韧带受损伤程度不同,所采取的治疗方法和步骤也略有不同。较轻微韧带损伤患者及时用冰袋进行局部的冷敷,或用棉布进行简单加压包扎,避免患者腿部下垂引起不必要的肿胀。

(二)膝关节滑膜损伤及治疗

由于羽毛球运动活动量大,动作转换快等特点,膝关节反复进行大幅的屈伸、抻拉使得膝关节滑膜与关节表面进行不间断的摩擦和挤压,从而引发滑膜的渗出充血和水肿,进而导致膝关节的受伤。

治疗方法:膝关节由于慢性劳损摩擦会使其出血,并渗出大量积液,因此可以采取一定手段的外敷或者理疗,在此期间应避免一切屈伸运动,防止病情转化为慢性滑膜炎,待水肿和积液慢慢消退,再进行适当锻炼,直至完全康复。

(三)半月板的损伤及治疗

在羽毛球运动中,凡是强烈的扭动或者旋转膝盖进行内翻或外翻的活动时都容易引起膝关节半月板的损伤,某些动作会导致全身的重力全部压在膝关节部位,就可能伤到未能迅速滑移的半月板,从而引起半月板撕裂的风险。

治疗方法:半月板的损伤会在不同程度上损伤膝关节的其他结构,从而导致创伤性关节炎。如果膝关节肿胀明显,内部积液过多则需要在无菌环境下进行穿刺取液的治疗,对其患部进行必要的石膏辅助,使其加以坚固,并保持膝部伸直、抬高,使其消肿,积液逐渐消退。

(四)髌骨劳损及治疗

髌骨也叫膝盖骨,是人体内最大的籽骨,具有保护膝关节,减少内部组织摩擦的作用。其损伤一般表现为在经过大量运动后出现的膝盖疼痛或酸软,随着运动量的增大或者减少而显现的疼痛增加或减弱。

治疗方法:在髌骨劳损后避免运动从而减轻疼痛,或者在受伤初期进行适当的冷敷、冰敷或喷剂治疗,减少激烈运动,并用理疗或按摩等手法加以辅助治疗。

(五)膑骨关节疼痛综合征及治疗

在运动中的主要表现为深蹲或者半蹲时引起的疼痛,髌骨软骨表面出现的润滑度不够,凹凸不平所引起的伸屈运动的束缚。运动前膝关节酸软无力，运动后全身发热，之前症状消失。当髌骨软骨软化症达到一定程度时，会引起膝关节软组织的严重退化，最终导致膝关节变形。

治疗方法：采用中药外敷，西药内服，同时加以按摩、理疗等必要的辅助治疗。

三、羽毛球运动膝关节损伤的应对

羽毛球训练时应对自身关节组织有一定的了解，膝关节是人体中一个较为复杂的组织，只有清楚了解它的构成及作用，增强自己的自我保护意识，在了解和掌握膝关节容易受伤的病因及治疗方法后能够学以致用，在面对突发状况时能做出简单的判断和包扎治疗。有效避免不必要的外在因素，即场地设施的规划与摆放，灯光、地面及天气因素的干扰。

第八章　羽毛球运动的规则与裁判

第一节　羽毛球比赛的相关规则

一、球场及其设备

（1）羽毛球球场应是一个长方形，用宽为40毫米的线画出连线及各区域分界线。

（2）场地线的颜色最好是白色、黄色或其他容易辨别的颜色。

（3）测试正常球速区域的4个40毫米×40毫米的标记，应画在双方单打右发球区边线内，距端线530毫米和990毫米处。

（4）这些标记的宽度均包括在所画的尺寸内，即距端线外沿530~570毫米和950~990毫米。

（5）球场中所有线的宽度标记均包括在所画的尺寸内，所有场地线都是它所确定区域的组成部分。因此，落在线上的球应被判为界内球。

（6）从球场地面起，网柱高1.55米。当球网被拉紧时，网柱应与地面保持垂直。

（7）若不能设置网柱，必须采用其他办法标出边线通过网下的位置。例如，使用细柱或40毫米宽的条状物固定在边线上，垂直向上到网顶绳索处。

（8）不论进行的是双打还是单打比赛，网柱或代表网柱的条状物，均应置于双打边线上。

（9）球网应由深色、优质的细绳织成。网孔为方形，边长均为15~20毫米。

（10）球网全长至少为6.1米，上下宽为760毫米。

（11）球网的顶端应由75毫米的白布对折成夹层，用绳索或钢丝从夹层穿过。夹层上沿必须紧贴绳索或钢丝。

（12）绳索或钢丝应牢固地拉紧，并与网柱顶端持平。

（13）从球场地面起，球网中央顶部应高1.524米，双打边线处球网高度为1.55米。

（14）球网两端与网柱之间不应有空隙。必要时，球网两端应与网柱系紧。

（15）国际比赛中整个场地上空高度离地面应为12米（最低为9米）。在此高度以内，不得有任何横梁或其他障碍物；球场边界线外，最少需有2米空地。任何并列的两个场地之间，最少应有2米距离。球场四周的墙壁最好为深色，不能有风。

上述规定，在国际羽联主办的重要比赛中，如世界锦标赛、汤姆斯杯赛和尤伯杯赛，必须严格遵守。其他比赛中，如遇场地条件不完全符合标准时，经有关部门或组织批准，可以根据实际情况进行改变。

二、羽毛球

（1）球可由天然材料、人造材料或用混合材料制成。只要球的飞行性能与用天然羽毛和包裹羊皮的软木球托制成的球的性能相似即可。

（2）羽毛球应有16根羽毛固定在球托部。

（3）羽毛长度为62~70毫米，每一个球的羽毛从托面到羽毛尖的长度必须一致。

（4）羽毛顶端应围成圆形，直径为58~68毫米。

（5）羽毛应用线或其他适宜材料扎牢。

（6）球托直径25~28毫米，底托部为圆形。

（7）羽毛球重4.74~5.50克。

三、非羽毛制成的球

（1）合成材料制成裙状或如天然羽毛制成的球状。

（2）球托直径25~28毫米，底托部为圆形。

（3）球的尺寸和重量同上。但由于合成材料与天然羽毛在比重、性能上的差异，允许不超过10%的误差。

四、球的检验

（1）验球时，站在端线外，用低手向前上方全力击球，球的飞行方向需与边线平行。

（2）一个标准用球，应落在离对方端线530~990毫米的区域内。

五、非标准球

只要式样、速度和飞行性能不变，经有关组织批准，以下特殊情况可以不使用标准球：

（1）由于海拔或气候等条件不宜使用标准球时。

（2）只有更换用球才有利于开展比赛时。

六、比赛使用的羽毛球

（1）由竞赛组织者确定一个品牌的统一用球。

（2）至少应准备三种不同球速的比赛用球。比赛使用哪种速度的球由裁判长决定，运动

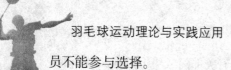

员不能参与选择。

七、球拍

1.球拍的各部分规格要求

（1）球拍由拍柄、拍弦面、拍头、拍杆、连接喉构成。

（2）拍柄是击球者握住球拍的部分。

（3）拍弦面是击球者用于击球的部分。

（4）拍头界定了拍弦面的范围。

（5）拍杆通过连接喉连接拍柄与拍头。

（6）连接喉连接拍杆与拍头。

（7）拍头、连接喉、拍杆和拍柄总称球拍框架。

（8）球拍长不超过680毫米，宽不超过230毫米。

2.拍弦面

（1）拍弦面应是平的，用拍弦穿过拍头十字交叉或以其他形式编织而成。编织的式样应保持一致，尤其是拍弦面中央的编织密度不得小于其他部分。

（2）拍弦面长不超过280毫米，宽不超过220毫米。不论拍弦用什么方式拉紧，规定拍弦穿进连接喉的区域不得超过35毫米，整个拍弦面长不超过330毫米。

3.球拍的其他要求

（1）球拍不允许有附加物和突出部，除非是为了防止磨损、断裂、振动或调整重心的附加物或预防球拍脱手而将拍柄系在手上的绳索，但其尺寸和位置必须合理。

（2）不允许改变球拍的规定式样。

八、设备的批准

有关球拍、球、设备，以及其他试制品能否用于比赛的问题，由国际羽联裁定。这种裁定可由国际羽联主动做出，或根据对其有切身利益的个人、团体（包括运动员、设备厂商、国家协会或其成员组织）的请求而裁定。

九、相关定义

（1）运动员。参加羽毛球比赛的人。

（2）一场比赛。双方各一名或两名运动员是决定胜负的最基本单位。

（3）单打。双方各一名运动员进行的一场比赛。

(4) 双打。双方各两名运动员进行的一场比赛。

(5) 发球方。有发球权的一方。

(6) 接发球方。发球的对方。

十、掷挑边器

比赛前,双方应执行掷挑边器。赢的一方将在以下两种选项中做出选择。

(1) 先发球或先接发球。

(2) 场区的选择权。

十一、计分方法

(1) 除非另有商定,比赛应以三局两胜定胜负(比分也可以临时商定,但必须在本次赛事开始前决定)。

(2) 每球得分制。

(3) 先得21分者为胜。

(4) 当比分为20分平局时,先净胜两分者为胜。

(5) 如果双方打到29分平局时,先到30分的一方为胜者。

(6) 下一局开始由前一局的胜方先发球。

十二、交换场区

以下情况运动员应交换场区:

(1) 第一局结束后。

(2) 第三局开始前。

(3) 在第三局或只进行一局的比赛中领先的一方得分为10分时。

(4) 如果运动员未按规则规定交换场区,一经发现即在死球时交换,已得比分有效。

十三、发球

(1) 合法发球的各项要求。

①一旦发球员和接发球员都站好各自的位置,任何一方都不允许延误发球。

②发球员和接发球员应站在斜对角的发球区内,脚不得触及发球区和接发球区的界线。

③从发球开始,直到球发出之前,发球员和接发球员的两脚必须都有一部分与球场地面接触,不得移动。

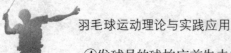

④发球员的球拍应首先击中球托。

⑤发球员的球拍击中球瞬间,整个球应低于发球员的腰部。

⑥在击球瞬间,发球员的拍杆应指向下方,使整个拍头明显低于发球员的整个握拍手部。

⑦发球开始后,发球员必须连续向前挥拍,直至将球发出。

⑧发出的球,应向上飞行过网,如果未被拦截,球应落在规定的接发球区内(即落在线上或界内)。

(2)根据规则规定,如果发球不合规则,应判违例。

(3)发球员发球时未能击中球,应判违例。

(4)一旦双方运动员站好位置,发球员挥拍时,发球员的球拍拍头第一次向前挥动即为发球开始。

(5)发球员应在接发球员准备好后才能发球,如果接发球员已试图接发球则应被认为已做好准备。

(6)发球开始后,发球员的球拍击中球或者未能击中球均为发球结束。

(7)双打比赛,发球员或接发球员的同伴站位均不限,但不得阻挡对方发球员或接发球员的视线。

十四、单打中发球与计分规则

(1)发球区和接发球区的选择。

①发球员的分数为0或双数时,双方运动员均应在各自的右发球区发球或接发球。

②发球员的分数为单数时,双方运动员均应在各自的左发球区发球或接发球。

(2)击球顺序和位置。发球员和接发球员应交替对击直至"违例"或"死球"。

(3)得分和发球。

①接发球员违例或因球触及接发球员场区内的地面而成死球,发球员就得1分。随后发球员再从另一发球区发球。

②发球员违例或因球触及发球员场区内的地面而成死球,发球员就失去该分。随后接发球员成为发球员。

十五、双打中发球和计分规则

(1)一局比赛开始时都应从右发球区发球。

(2)只有接发球员才能接发球;如果他的同伴去接球或触及球,则视为违例,发球方得

1分。

（3）击球次序和位置说明：

①发球被回击后，由发球方的任何一人击球，然后由接发球方的任何一人击球，如此往返直至死球。

②发球被回击后，运动员可以在本方区域的任何位置击球。

（4）发球和得分规则。

①双方只有一次发球权（每球得分制）。

②接发球方违例或因球触及接发球方场区内的地面而成死球时，发球方得1分，原发球员继续发球。

③发球方违例或因球触及发球方场区内的地面而成死球时，原发球方失去该分。

（5）发球区和接发球区。

①每局开始首先发球的运动员，在该局本方得分为0或双数时，都必须在右发球区发球或接发球；得分为单数时，应在左发球区发球或接发球。

②比赛进行中，双方运动员每次发球、接球的位置应该是当时比分所轮及的位置。

（6）发球都应从左右两个发球区交替发出（规则中"发球区错误"和"重发球"规定的情况除外）。

（7）自一局开始，发球权是从发球员到接发球员，或是他的同伴，如此往复。

（8）运动员发球顺序和接发球顺序不得错误。一名运动员在同一局比赛中不得连续两次接发球（规则中"发球区错误"和"重发球"规定的情况除外）。

（9）一局胜方的任一运动员可在下一局先发球，负方的任一运动员可先接发球。

十六、发球区错误

（1）以下情况为发球区错误：

①发球顺序错误。

②在错误的发球区发球。

③在错误的发球区准备发球，且球已发出。

（2）如果发球区错误，在下一次发球击出前未被发现，则错误不予纠正。

（3）如果发球区错误在下一次发球击出前发现：

①双方都有错误，应"重发球"。

②错误一方赢了这一回合，应"重发球"。

③错误一方输了这一回合，则错误不予纠正。

（4）如果因发球区错误而"重发球"，则该回合无效，纠正错误重新发球。

（5）如果发球区错误未被纠正，比赛继续进行，并且不改变运动员的新发球区和新发球顺序。

十七、违例

以下情况均属违例：

（1）发球不符合规则。

（2）比赛过程中：

①球落在球场界线外，即不落在界线上或界线内。

②球从网孔或网下穿过。

③球不过网。

④球触及天花板或四周墙壁。

⑤球触及运动员的身体或衣服。

⑥球触及球场外其他物体或人。

⑦比赛时，球拍与球的最初接触点不在以球网为界线的击球者本方区域（击球者在击中球后，球拍可以随球过网）。

⑧运动员的球拍、身体或衣服触及球网或球网的支撑物。

⑨运动员的球拍或身体从网上侵入对方场区。

⑩运动员的球拍或身体从网下侵入对方场区导致妨碍对方或分散对方注意力。

⑪妨碍对方，即阻挡对方紧靠球网的合理击球。

⑫比赛时，运动员故意分散对方注意力的任何举动，如喊叫、故作姿态等。

⑬击球时，球停滞在球拍上，紧接着被拖带抛出。

⑭同一运动员两次挥拍，连续两次击中球。

⑮对打比赛中，同方两名运动员连续击中球。

⑯球触及运动员球拍后继续向其后场飞行。

⑰运动员严重违犯或一再违犯规则。

⑱发球时，球挂在网上，停在网顶或过网后挂在网上。

十八、重发球

（1）由裁判员或运动员（没有裁判员时）宣报"重发球"，用于中断比赛。

（2）遇不能预见或意外的情况，应重发球。

（3）除发球外，球过网后挂在网上或停在网顶，应重发球。

（4）发球时，发球员和接发球员同时违例，应重发球。

（5）发球员在接发球员未做好准备时发球，应重发球。

（6）比赛进行中，球托与球的其他部分完全分离，应重发球。

（7）司线员未看清，裁判员也不能作出裁决时，应重发球。

（8）规则规定的发球区错误，应重发球。

（9）重发球时，最后一次发球无效，原发球员重新发球（规则中发球区错误的规定除外）。

十九、死球

下列情况为死球：

（1）球撞网并挂在网上，或停在网顶。

（2）球撞网或网柱后，开始向击球者的这一方地面落下。

（3）球触及地面。

（4）宣报了"违例"或"重发球"。

二十、比赛连续性、行为不端及处罚

（1）比赛从第一次发球起至比赛结束应是连续的（"比赛间歇"和"暂停比赛"允许的情况除外）。

（2）下列比赛中，每场比赛的第一局与第二局之间允许不超过90秒的间歇，第二局与第三局之间允许不超过5分钟的间歇。

①国际比赛项目。

②国际羽联批准的比赛项目。

③所有其他的比赛（除赛事组织方预先规定外）。

（3）暂停比赛。

①遇有不是运动员所能控制的情况，裁判员可根据需要暂停比赛。

②在特殊情况下，裁判长可以要求裁判员暂停比赛。

③如果比赛暂停，已得分数有效，续赛时由该分数算起。

（4）不允许运动员为恢复体力或喘息而延误比赛。

（5）接受指导和离开球场。

①不允许运动员在一场比赛中接受指导（规则中"比赛连续性"或"暂停比赛"的规定除

外）。

②在一场比赛中，运动员未经裁判员同意，不得离开球场（规则所述的不超过5分钟间歇除外）。

（6）裁判员是比赛是否延误的唯一裁决者。

（7）运动员不得有下列行为：

①故意延误或中断比赛。

②故意改变球形或损坏球，以此影响球的速度或飞行性能。

③举止无礼。

④规则未述的其他不端行为。

（8）对违犯规则的运动员，裁判员应执行：

①警告。

②对已被警告过的一方判违例。

③对严重违犯或屡犯的一方判违例并立即向裁判长报告，裁判长有权取消违犯一方的该场比赛资格。

二十一、裁判职责和受理申诉

（1）裁判长对比赛全面负责。

（2）临场裁判员主持一场比赛并管理该球场及其周围。裁判员应由裁判长负责。未设裁判长时，由竞赛负责人负责。

（3）发球裁判员应负责宣判发球员的发球违例。

（4）司线员应根据球在其分管线的落点来宣判"界内"或"界外"。

（5）临场裁判人员对其所分管职责内的事实的宣判是最后的裁决。

（6）裁判员应做到：

①维护和执行羽毛球比赛规则，及时宣报"违例"或"重发球"等。

②对申诉应在下一次发球前作出裁决。

③使运动员和观众能随时了解比赛的进程。

④与裁判长磋商、安排、撤换司线员或发球裁判员。

⑤在缺少临场裁判人员时，对无人执行的职责作出安排。

⑥在临场裁判人员未能看清时，执行该职责或判"重发球"。

⑦记录与"规则比赛连续性、行为不端及处罚"有关的情况并向裁判长报告。

⑧将所有与规则有关的争议提交裁判长（类似的申诉，运动员必须在下一次发球击出前

提出; 如在一局结尾, 则应在离开赛场前提出)。

第二节　羽毛球竞赛规程

一、羽毛球比赛项目的分类

羽毛球比赛项目包括两大类: 团体赛和单项赛。

（一）单项赛

羽毛球单项赛主要包括: 男子单打、女子单打、男子双打、女子双打、混合双打。

（二）团体赛

有男子团体、女子团体和男女混合团体三个项目。一场羽毛球团体赛由数局比赛组成, 常用的比赛赛制有: 三场制、五场制和多场制。

1. 三场制

每场团体赛由两局单打和一局双打组成, 比赛场序可以是单、单、双, 或者是单、双、单。每队中同一运动员在一场团体赛中只能出场一次单打; 双打的运动员可以由单打运动员兼项, 也可以规定必须由其他运动员出场。三场制的团体比赛一般是在基层比赛中采用, 因为要求每队的人数较少, 容易吸引较多的球队参加。有时为了避免一个球队只依靠一名技术水平高的运动员即可得到好的名次, 竞赛主办者可以在竞赛规程中规定, 在一场团体赛中一名运动员只能出场一次, 即参加单打的不能参加双打、参加双打的不能参加单打。

2. 五场制

羽毛球团体赛最常采用的是五场制。每场团体赛由三局单打和两局双打组成, 比赛的场序可以有多种变化。

（1）常用次序:

①单、单、单、双、双。

②单、双、单、双、单。

③单、单、双、双、单。

（2）一些大赛的次序安排。

①汤姆斯杯和尤伯杯比赛的次序安排。

在汤姆斯杯和尤伯杯的预赛阶段首选的比赛次序是先进行三局单打再进行两局双打, 而在决赛阶段首选的比赛次序变为单、双、单、双、单。具体的比赛次序还要视运动员单打和双打的兼项情况而定。男女混合团体赛, 如世界男女混合团体赛苏迪曼杯赛, 是由两局单打（男子单打和女子单打）及三局双打（男子双打、女子双打和混合双打）组成, 它的比赛次序是由裁判长根据比赛双方出场运动员兼项的情况来决定的。

②我国全国羽毛球团体赛都是采用五场制比赛。

3. 多场对抗赛

在一次性的比赛时经常采用由若干场比赛组成的对抗赛,如友好访问比赛、交流比赛等。也有根据特殊需要而制定的比赛场数,如每年一次的全国羽毛球团体锦标赛对抗赛,每场团体赛就由9局比赛组成。

4. 团体赛运动员出场名单确定的方法

每场团体赛由谁出场,由谁出场打哪一场,对手将是谁,这些都会关系到比赛的胜负,所以在竞赛规程中一定要明确规定运动员的出场方法。一般来说有以下两种方法:

(1)按技术水平顺序出场。即各队报名时,应将所有运动员按单打技术水平顺序填写,并根据规程要求按技术水平顺序填写一定数目的双打配对组合。在赛前交换出场名单时,只能按照报名后并为裁判长确认的技术水平顺序填写,不能颠倒。在国际比赛时,按世界羽毛球技术水平顺序排名表确定。全国比赛时,按我国羽毛球技术水平顺序排名表确定。其他比赛可以由竞赛组委会或裁判长参照以往的比赛成绩确认各队的技术水平顺序,在领队会上公布后执行。

(2)不按技术水平顺序的随意排序。在每场团体赛前交换出场名单时,各队可以不受技术水平顺序约束,随意填写出场运动员。采用这种方法比赛,往往容易出现与参赛队实力不相当的比赛结果,故专业赛事一般不采用,而多适用于一些群众性的比赛,但在某种特定场合,也有其可行性。

5. 比赛胜负的计算单位

(1)回合。从一次发球开始,经过双方来回对击到球成死球止,为一个回合。

(2)得分。发球方与接球方胜一个回合,就得该分。

(3)局。一方先胜21分者为胜该局;当打到20平时,先净胜2分者为胜该局;若打到29平,先到30分者为胜该局;男子单打、女子单打、男子双打、女子双打、混合双打均如此。

(4)场。所有项目都采用三局两胜制,即某方连胜两局,或双方各胜一局后,某方再胜了决胜局,称为胜一场,即获得双方间比赛的最终胜利。

二、羽毛球的比赛方法

(一)单循环赛

1. 单循环赛的场数与轮数计算

单循环赛是指参加比赛的运动员(或队)之间轮流比赛一次,称为单循环赛。

单循环赛的轮数和场数为：

（1）当人数（或球队）为偶数时，轮数＝人数（或球队）−1；当人数（或球队）为奇数时，轮数＝人数（或球队）。

（2）场数＝人数（或球队）×［人数（或队）−1］/2。

单循环赛每轮的顺序采用"1号位固定逆时针轮转法"。

这种方法是1号位置固定不动，其他位置每轮按逆时针方向轮转一个位置，即可排出下轮的比赛顺序。当人数或队数为单数时，用"0"补成双数，然后按逆时针轮转排出各轮比赛顺序。其中遇到"0"者为轮空。

2. 单循环赛确定名次的方法

（1）按获胜场数定名次。获胜场数多者名次在前。

（2）两名（对）运动员获胜场数相等，则两者比赛的胜者名次在前。

（3）3名（对）或3名（对）以上运动员获胜场数相等，则按在该组比赛的净胜局数定名次。

（4）计算净胜局数后，如还剩2名（对）运动员净胜局数相等，则两者比赛的胜者名次在前。

（5）计算净胜局数后，还剩3名（对）或3名（对）以上，运动员净胜局数相等，则按在该组比赛的净胜分数定名次。

（6）计算净胜分数后，如还剩2名（对）运动员净胜分数相等，则两者间比赛的胜者名次在前。

（7）若有3名（对）或3名（对）以上净胜分数相等，则以抽签定名次。

3. 采用分组循环赛时种子的确定方法

在参加人数（或球队）较多的情况下，为了不过多增加比赛的场数和延长比赛的日期，又能排定各队的名次，常采用分组循环赛的办法。组数确定后，可用抽签的方法进行分组，也可采用"蛇形排列方法"进行分组。例如，以团体赛16个球队分成四组为例，可按下表进行分组：

（1）第一组：1、8、9、16；

（2）第二组：2、7、10、15；

（3）第三组：3、6、11、14；

（4）第四组：4、5、12、13。

上述数字是各队的顺序号，它是按照各队实力强弱排列的。也就是说，数字越小，实力越强，数字号码相当于该队以往比赛取得的名次。如全国羽毛球等级赛，就是按上一年度等级赛的名次蛇形排列分组的。

用抽签方法进行分组时，如仍以上述16个球队为例，则需先确定4个或8个种子队，把种

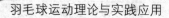

子队顺序排列出来,然后按上述"蛇形排列方法"或"抽签方法"进行分组。最后非种子队用抽签方法抽进各组。

（二）单淘汰赛

运动员（或球队）按编排的比赛秩序,由相邻的两名运动员（或球队）进行比赛,胜者进入下轮比赛,败者淘汰,直至淘汰最后一名,胜者（或球队）获得冠军,比赛结束。

单淘汰赛的优点是单淘汰赛由于比赛一轮淘汰1/2的运动员（或球队）,可使比赛的场数相对减少,所以在时间短、场地少的情况下,采用单淘汰赛能接受较多的运动员（或球队）参加比赛,并可使比赛逐步走向高潮,一轮比一轮紧张激烈。按体育竞赛的特点来说,淘汰赛是一种比较好的比赛方法。缺点是由于单淘汰赛负一场就被淘汰,所以大部分运动员（或球队）参加比赛的机会较少,所以产生的名次也不合理。

1. 单淘汰赛的轮数和场数

（1）单淘汰赛的轮数等于或大于最接近运动员人（球队）数的2的乘方指数,是2的几次方即为几轮。

（2）场数=人（队）数-1

2. 单淘汰赛种子的确定方法

（1）根据技术水平确定"种子"。技术水平主要是看运动员在各级比赛中所取得的成绩,如世界锦标赛、洲际比赛或大型国际比赛的成绩,以及全国比赛的成绩和其他比赛的成绩等。

（2）考虑比赛成绩时,要以最近的比赛和所参加的等级最高的大型比赛的成绩为准,本着"远的服从近的,低的服从高的"原则。

（3）在双打比赛中确定"种子"时,除根据上述原则外,还参考单打比赛或其中一人的双打成绩。举办比赛的有关组织可对确定"种子"的原则做补充规定。当种子数确定之后,种子的入位采用抽签的办法进位。

3. 单淘汰赛种子的抽签入位的方法

（1）任何公开比赛都要执行"种子"均匀分布的原则。

（2）只有两个种子,第一号和第二号种子用抽签的办法分别进入上半区的顶部和下半区的底部。

（3）4个种子。第一号和第二号按上述办法定位,第三号和第四号用抽签办法分别进入第二个1/4顶部和第三个1/4区的底部。

（4）8个种子。第一、二、三和四号按上述办法定位,其他"种子"抽签进入还没抽进种子的各个1/8区的顶部;下半区,在第五、第七个1/8区的底部。

（5）同一队的两名种子选手，将分别抽进不同的1/2区。

（6）同一个队的三名或四名种子，将被抽进不同的1/4区。

（7）同一个队的五名至八名种子，应抽进不同的1/8区内。

（8）同属一个队的运动员，将按以下办法抽签进位：

①第一、二号选手，分别进入不同的1/2区。

②第三、四号选手，分别抽签进入不同的1/2区，没有同队选手的1/4区。

③第五号至第八号选手，分别抽签进入不同的1/2区，没有同队选手的1/8区。

任何级别的比赛都要遵照以上规定执行。

4. 单淘汰赛轮空位置的分布

（1）当参加比赛的人（队）数为4、8、16、32、64或较大的2的乘方数时，他们应按比赛顺序成双地进行比赛。

（2）当参加比赛单位（人数或队数）不是2的乘方数时，第一轮应有轮空，轮空数等于下一个较大的2的乘方数减去比赛单位数（人数或队数）的差数。

（3）轮空数为双数时，应平均分布在比赛表的顶部和底部，上半区轮空位置顺序从上往下排，下半区轮空位置顺序从下往上排。

（4）如轮空位置为单数，则下半区应比上半区多一个轮空位置。

5. 种子数的确定方法

（1）72个（对）或72个（对）以上运动员（队）参加的比赛，最多设16个种子，分布在各个1/16区。

（2）32个（对）或是32个（对）以上运动员（队）参加比赛，应设8个种子（不得再多），分布在各个1/8区内。

（3）16个（对）或16个（对）以上运动员（队）参加比赛，应设4个种子，分布在各个1/4区内。

（4）少于16个（对）运动员（队）参加的比赛，应设2个种子分布在各个1/2区内。

6. 附加赛

单淘汰赛只能产生第一和第二名。

如果比赛需要排出第一、二名以后的若干名次，则需要另外增加几场比赛，增加的这几场比赛称为附加赛。

7. 预选赛

预参加比赛的运动员人（队）数超过64人（队）时，建议竞赛组织者在竞赛委员会或裁判长监督下进行争夺正式比赛资格的预选比赛。

（1）未被直接安排参加正式比赛的运动员,将会参加竞赛组织者安排的旨在进行进入正式比赛规定位置的预选赛。

（2）建议在正式比赛的抽签位置中,每八个位置最多只能安排一个获得进入正式比赛资格的运动员。

三、羽毛球比赛前的报名单顺序

应由各单位根据技术水平排列运动员的报名顺序,抽签编排。必要时,竞赛委员会有权更改报名顺序。

四、关于运动员的替补

竞赛委员会或裁判长,应不允许对所公布的各项抽签结果进行更改。若是原参加比赛的运动员因伤、病或其他意外的原因无法参加比赛时,可同意进行替补,但替补必须符合以下条件:

（1）必须是在第一场比赛开始以前。

（2）替补运动员（或一对运动员）实力水平比原运动员（或一对运动员）低。

（3）任何一对双打组合不应由于他们的搭配而影响其他双打组合。如两对双打组合各只剩下一名运动员,则剩下的两名运动员可搭配成一对组合。

（4）如原配对双打组合抽签位置是轮空,则替补的新配对组合仍可占该位置。否则应由抽签重新定位。

（5）运动员被替换后不得再参加本次赛事的其他比赛。

（6）一名运动员在同一项比赛中只能占用一个位置号。

（7）有预选赛的比赛,应先排出替补正赛运动员的顺序。凡正赛有运动员不能参加比赛时,即可依次替补。但预选赛一旦开始,则不能替补。

五、羽毛球比赛日程

（1）羽毛球比赛运动量较大,在条件许可时,每天的比赛最好安排两节,分别在上午和晚上进行。

（2）若比赛既有团体赛,又有单项赛,团体赛应在单项比赛开始之前结束。

（3）在条件许可的情况下,比赛日程中应安排一天休息。最好安排在团体赛和单项赛之间,或安排在第一阶段比赛和第二阶段比赛之间。

（4）在单项比赛中,每个运动员一天内不应安排超过6场比赛,而且同一个项目的比赛不应超过3场;在一节比赛中,不应安排超过3场的比赛,同一个项目的比赛不应超过2场。

(5)在团体赛中,每个队一天内不应安排超过2次5场制的团体赛,一节中不应安排超过1次5场制的团体赛。

(6)特殊情况,经竞赛主办单位同意,可不受此限制。

(7)在国际羽联批准的比赛中,不管国际羽联代表是否到场,都不允许要求运动员在上一场比赛结束后的30分钟内再开始另一场比赛。当比赛天气比较热、湿度比较大时,延长间歇时间也是可以的。

六、羽毛球比赛服装

(1)奥运会和世界锦标赛、汤姆斯杯、尤伯杯赛、世界团体锦标赛、系列大奖赛,以及国际羽联主办的其他比赛中,运动员在比赛场上应穿以白色为主或已由有关国家和组织在国际羽联注册的颜色的服装。

(2)任何国家在确定采用某种颜色作为国际比赛的队服时,至少应在赛前一个月向国际羽联申报以求批准。同一个国家的运动员必须穿同一颜色服装参加所有场次的比赛。双打比赛同队两名运动员的服装必须一样,如遇比赛双方服装颜色冲突,则均应改穿白颜色的服装。

(3)由国际羽联批准的其他比赛,举办国的赛事组织方必须事先通知参赛的外国运动员采用的服装颜色的规定,特别要说明是否允许穿其他颜色的服装。

(4)为了普及羽毛球运动,任何服装都可成为羽毛球运动服,但双打比赛同队队员均需穿同颜色的服装。

七、关于羽毛球赛事中广告的规定

(1)汤姆斯杯、尤伯杯及世界锦标赛里,允许比赛期间运动员服装上的广告必须符合:
①在最大的两件服装上,制造商的广告标志,不得超过20平方厘米。
②在其他的每一件服装上,制造商的广告标志,不得超过10平方厘米。
③允许有一个不超过20平方厘米的附加标志。

(2)在所有其他国际羽联认可的比赛里,允许比赛期间运动员服装上的广告必须符合:
①在最大的两件服装上,制造商的广告标志,不得超过20平方厘米。
②在其他的每件服装上,制造商的广告标志,不得超过10平方厘米。
③允许有两个最高为10厘米的附加标志在短袖衫的正面和反面,这些附加标志不能构成一条环绕运动衫的带状,它们必须是完全相同的。

④在所有其他国际羽联认可的比赛里,举办组织者可以减小广告尺寸的大小。任何这样的改变,必须在当时的竞赛规程、征求报名单上和对所有有关成员的通讯信息里明确指出。

⑤所有比赛里,运动服装上的广告规定,仅在临场比赛开始才执行。

八、羽毛球比赛的抽签

抽签是以公平合理及科学的方法,使参赛的运动队和运动员按竞赛规程中规定的竞赛方法进组或进位。抽签工作必须最大限度地减少人为因素,提高随机性,防止不公正的嫌疑。由于种种原因,这是一项工作量大、难度高的工作,现国际和国内都有人提议采用电脑来代替人工抽签。

一般来说,抽签由竞赛的组织者主持,是公开进行的,参赛队和新闻界都可出席抽签仪式。也有一些比赛是由竞赛组织者自己进行抽签的。

(一)抽签人员

(1)主抽人。主持整个抽签工作,裁判长是合适的人选。

(2)名签员。负责名签的保管、整理和出示。

(3)号签员。负责抽签用的区号签、位置号签的整理、保管和出示。

(4)平衡员。协助主抽人,控制进位平衡。

(5)记录员。随时记录抽签结果。

(6)公告员。随着抽签进程将抽签情况随时显示在公告表上。

(二)具体抽签步骤

抽签会议由竞赛委员会出面主持,介绍抽签人员和出席抽签会议的来宾。抽签的具体程序如下:

(1)介绍各比赛项目的报名队数和人(队)数,各项目所采用的赛制等信息。比如分阶段分组比赛的第一阶段将分几个组,第二阶段如何进行等情况。

(2)本次比赛确定种子选手的依据。宣布各项目的种子选手名单。

(3)主抽人宣布抽球队(或人)进组或进位的条件要求,此时名签员和号签员取出相应的名签和号签,为显示抽签的公正和清楚,主抽人可请各队的领队或代表自己抽签,也可以请第三方代替抽签。

(4)主抽人宣布签号,xx队(或人)进入xx号位置,记录员作记录,公告员立即在抽签结果公布表上显示这一结果。单淘汰赛时,抽签平衡员在平衡表上也应立即作相应的记录。随后再抽下一个队(或人),重复上一个抽签过程,直至抽签全部结束。但是主抽人要随时询问平衡员进位情况,平衡员在需要时也应及时提醒主抽人应该注意的问题。

（5）宣布抽签结果。在每一个项目抽签结束时都要宣布抽签结果。

（6）抽签平衡表的使用。抽签前在空白的平衡表上，按该项目的报名情况，填写各队的参赛人数，根据各队的参赛人数，在该队队名下面的相应空格中或线上画上"○"代表应进该区的运动员。

随着抽签的进程填写种子运动员所进的位置。

在种子运动员抽签进位完毕后，接着抽出非种子运动员，各队抽签的先后可以由不同的方法排列。

在抽某一个队时，应按该队队员的技术水平的序号抽签，先抽进1/4区，进入某一个区后就将该运动员的技术水平代号填写在所进区的"○"中，凡是处于机动位置的运动员进入某区后，就必须将所进区（上、下半区或1/4区）的机动位置数划去一个，当某个区的机动位置数全部被划去后，表示不能再有机动位置的运动员抽签进入该区，这也是平衡表的重要作用之一。

在所有的非种子选手全部进区后，再将各1/4区的运动员抽入具体位置，当某1/4区有两名同队的运动员时，这两名运动员就应先抽入该1/4区中分开的1/8区（平衡表上1/4区号分为两个1/8区填写，有助于区分1/8区），在运动员进入位置后，平衡员应将该运动员所进的位置号写在"○"的上部或下部（相应的1/8区位置号）。

（7）机动数的计算方法。

①上、下半区机动数。如果某队在该项目的参赛人（对）数为单数，就有一个上、下半区的机动数。将所有各队的上、下半区机动数相加，就得出该项目总的上、下半区机动数。

②1/4区机动数。某队在该项目的参赛人（对）数与最接近的4的倍数（4、8、12、16…）之差，即为该队的1/4区机动数。把所有各队的1/4区机动数相加，就得出该项目总的1/4区机动数。

第三节 羽毛球裁判人员的职责

一、裁判长

可分为裁判长、副裁判长。

（一）裁判长的职责

裁判长对组成整个竞赛的每一场比赛负有全责，包括：

（1）对规则和竞赛规程的解释作出最后决定。

（2）保证比赛公正地进行。

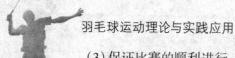

（3）保证比赛的顺利进行。

（4）全面管理竞赛。

（二）裁判长的遴选条件

（1）热爱羽毛球运动，有奉献精神。对羽毛球运动有相关的经历和丰富的经验。

（2）精通羽毛球竞赛规则，熟悉羽毛球竞赛规程。

（3）做事讲原则，工作责任心强，有条理，有主见，敢于作决定，勇于承担责任，善于团结大家一起工作。

（4）仪表端正，着装整洁，待人处事和气、有礼貌。

（5）身体健康，精力充沛。

裁判长在竞赛组委会的领导下执行裁判长工作。

（三）裁判长的工作

1. 裁判长在赛前的工作

（1）阅读本次比赛的竞赛规程和文件。

（2）了解比赛概况。

（3）了解各项目的参赛人（对）数，核算比赛的轮数和场数，确认可使用的场地数，比赛的天数及时间。

（4）了解竞赛各有关部门及人员的联系方法。包括竞赛委员会、医生、交通车、裁判人员、编排记录组（包括训练场地安排员、播音员、翻译员）、管球员、场地器材组等。

（5）核查抽签、竞赛编排等情况。例如：

①种子进位和同队运动员的位置必须符合抽签进位原则。

②在领队会前或领队会时了解退出比赛和需要替补的情况并作出决定。

③核对各运动队和运动员的报到情况。

④竞赛日程安排，通常一个项目一天安排一轮比赛，如果必须安排两轮，最好是最初的几轮比赛，如第一轮和第二轮或第二轮和第三轮。千万不要将1/4决赛以后的比赛在同一天安排两轮进行。如果同一项目一天必须进行两轮比赛，则间隔的时间要尽量长一些。

⑤根据比赛的水平，估算每一场比赛所需的时间。比赛的秩序表应在各运动队报到或比赛开始前数天就发到各比赛队和有关方面。如果因故有变动，那么在领队会后，至少在比赛开始前一天必须公布经调整后最后的、完整的、正确的比赛秩序表。

（6）检查场地、设备、器材是否符合要求。例如：

①场地的丈量是否标准，线的颜色是否清楚，场地表面平整程度，塑胶地毯的接缝是否裂开，场地四周空间和高度是否符合标准等。

②网柱是否稳固，球网的白布条是否紧贴绳索，网和网柱之间有无空隙，网上是否破损有洞等。

③裁判椅、发球裁判椅、视线裁判椅的高度和稳固性，记分器的数量及安放位置（在有电视转播的比赛，还要注意电视摄像机和话筒的位置）等。

④尺、拖把、暂停标记、衣物筐、放球筐的数量和位置。

⑤灯光的亮度和角度，场地四周门窗的挡风情况，场地的背景（包括广告、A字形广告牌、视线裁判服、桌子等）不能为白色或浅色。

⑥记录台、裁判长席、比赛值班医生、管球员的位置，轮休裁判员、司线裁判员的座位。

⑦裁判员、运动员进退场的出入口及行走路线。

⑧运动员、裁判员、司线裁判员的休息室和卫生间。

⑨医务室、兴奋剂检测室的位置和设备。

（7）检查运动员检录处。检录处应安放在合适的位置，既不影响比赛，又方便运动员检录。

（8）检查比赛用球。除按规则要求随机抽查测试球的速度外，还要使用发高球的方式测试球飞行的稳定性（飞行时是否摇晃或飘行），以及检查球的牢固程度。要准备有足够数量的球，并有快一号和慢一号速度的球供选择，要注意同一号的球其速度应一致。

（9）召开裁判长、领队和教练员联席会议。在比赛前一天举行领队、教练员会议，会议的内容和亟须解决的问题包括：

①对出席人员作介绍并表示欢迎。

②在会议开始前尽早将比赛抽签结果发给各队，以便各领队核查并能及早发现问题，在领队会上提出。

③核查、询问参赛队和运动员报到情况，对秩序册中的错误进行更正，对退出比赛、替补等情况在会上作出决定。

④对规则中新修改的条款，如需要应作说明，例如，发球违例，换球的处理（不试速度），运动员在比赛中换拍、擦汗等需要得到裁判员同意，90秒和5分钟间歇，场上受伤的处理等。如果有补充规定应该在会上宣布。

⑤宣布比赛的报到时间、方法，团体赛交换名单的时间与地点。

⑥比赛时运动员进退场的方式和出入口。

⑦准备活动场地、训练场地的安排时间表。

⑧明确各领队与裁判长联络的方法（房间号、电话号），要让领队和教练员随时能与裁判长联系。

⑨会议结束前，感谢各领队和教练员的合作，预祝比赛在各方面的共同努力下圆满成功。

2. 裁判长在比赛中的工作

裁判长必须在比赛开始前到达比赛场地,规模较大的比赛需要提前40分钟到达场地以便作全面的检查。

(1)检查场地器材。到达场地后对场地、器材有重点地作最后检查。

(2)测试球速。决定当天比赛用球的速度号(可请运动员协助)。

(3)裁判工作准备会。宣布当天的裁判工作分配,第一天比赛的准备会应对本次比赛的进退场方式、路线、工作程序等再次说明;强调裁判员对比赛的控制;解答裁判员提出的问题。以后每天的准备会应对前一天的比赛作简短的评价并强调当天比赛的注意事项。

(4)检查各岗位到位情况。所有第一场裁判员、记录台人员、广播员、医生,以及与比赛场地、设备有关的人员全部到位。第一场比赛运动员报到。比赛开始前5分钟,全部人员离开球场。准时宣布比赛开始。

(5)比赛进行中的工作。比赛开始后裁判长要始终在场并密切注视比赛的进行状况,随时准备接受并处理领队、教练员、运动员或裁判员的申诉,以及对其他一切有关比赛的问题作出决定。如果裁判长必须离开场地时,应委托副裁判长代理裁判长的职责。在有几个球馆同时进行比赛或在一个球馆中有多个场地进行比赛时,裁判长可委派副裁判长分工负责,以保证每个场地有裁判长负责观看。

(6)裁判长应随身备有小笔记本,随时记下比赛中发生的意外事故,需改进的地方及裁判员的工作情况,也应将各有关方面提出要求解决的问题记录下来,以便及时解决。

(7)接受领队或教练员提出的运动员要求弃权的请求,并及时将处理意见通知记录组和有关运动队、运动员。

3. 裁判长在比赛结束后的工作

裁判长在比赛结束后应写好裁判员的考核鉴定;结合裁判长报告写好竞赛及裁判小结。

二、临场裁判员

可分为裁判员、发球裁判员、司线裁判员、记分员。

(一)裁判员的职责

及时宣判"违例"或"重发球",并随时在记分表上作相应的记录。对申诉应在下一次发球前作出裁决。

(1)应使运动员和观众能及时了解比赛的进程。

(2)可与裁判长磋商,安排、撤换司线裁判员或发球裁判员。

(3)裁判员不能推翻司线裁判员和发球裁判员对事实的裁决。

（4）当临场裁判员不能作出判断时，由裁判员执行其职责或判"重发球"。

（5）裁判员有权暂停比赛。

（6）裁判员应记录与比赛连续性、行为不端及处罚规则有关的情况并向裁判长报告。

（7）执行其他缺席裁判员的职责。

（8）裁判员应将所有仅与规则有关的申诉提交给裁判长。

（二）裁判员的遴选条件

每场比赛由裁判长指派一名裁判员（亦称主裁判）主持比赛，并管理该场地及其周围，比赛时坐在场外网柱旁的裁判椅上，执行竞赛规则的有关条款。

（三）裁判员的工作

裁判员在一场比赛的工作与各时间阶段有密切的关系，为便于有条理地叙述，裁判员在一场比赛中的裁判工作可分为比赛开始前、比赛进行中和比赛结束三个阶段。其中比赛开始前又可分为进场前、进场后到比赛开始；比赛进行中可分为发球期、球在比赛进行中及死球期（发球前期）三个时间段。裁判员的记分表记录和宣报方法是裁判员工作的重要内容，也分别予以详细叙述。

1. 进场前的工作

进场前的工作是指裁判员在接受担任某场比赛的裁判工作后到进入比赛场地的一段时间内所要做的工作。

（1）检查自己的裁判用品是否备齐（记分笔、秒表、挑边器等），裁判服和裁判员标示是否整洁、符合要求。

（2）到记录台领取记分表，检查表中各项内容是否正确，填写好可以预先填写的项目，熟悉运动员的姓名和准确宣报姓名的发音。在国际比赛时，准确宣报队名和运动员姓名尤为重要。

（3）与该场比赛的发球裁判员见面问好，交代需要配合的工作。如提醒他准备比赛用球，带好运动员的姓名牌等。

（4）检查该场比赛的司线裁判员是否做好准备。

（5）在有要求时，召集比赛运动员列队入场。当发现有运动员未到时应立即报告裁判长。

（6）了解进场和退场的路线，在听到广播或裁判长示意后与发球裁判员（有时包括司线裁判员或运动员）一起进场。要注意，裁判员是该场比赛的组织者，从列队进场起，就应组织好该场比赛的所有运动员和临场裁判员在观众前亮相，行走要有精神，步调快慢要适当。

2. 比赛开始前的工作

（1）挑边。裁判员最好使用一枚两边颜色不同的硬币进行挑边，先应向双方运动员介绍清楚,他们各选择挑边器上的哪一面(指颜色),然后用手指将硬币向上弹起使硬币快速翻滚,落地后(也有的裁判员习惯用手掌接)看是哪一边的颜色向上,就是该方运动员赢得首先挑选权。在非正式比赛或练习比赛时,也可以利用球拍两面不同的图案、字样,将拍头着地,旋转球拍柄,在球拍落地后看是哪一面的图案向上。更简单的方法是将球向空中抛起,根据球落地时球托的指向来决定哪一方有优先选择权。下表为挑边选择时可能出现的变化情况。

表8-1 挑边选择表化情况

挑边的赢方先选择	挑边的输方后选择	比赛开始时的发球方
先发球	场地的一边或另一边	挑边的赢方
先不发球	场地的一边或另一边	挑边的输方
场地的一边	先发球或先不发球	决定于挑边输方的选择

双打比赛时,应问清楚在比赛开始时的首先发球员和首先接发球员,裁判员要立即在记分表上记下发球员、接发球员(双打比赛时)和比赛开始时双方的场区(在裁判员的左边还是右边)。挑边后应及时将挑边结果告知发球裁判员和记分员,使记分器上运动员的名牌能正确地表明比赛开始时双方运动员所站的场区。

(2)检查球网、网局和网柱。整个网面不能有破洞,网的两端与网柱间不能有空隙,检查网高要测量三处位置:两边的网柱高1.55米,网中央顶部离地面高1.524米。量网时注意,尺要垂直于地面、尺的刻度面要紧贴在网的白布条上才能减小误差。发现问题如自己不能解决,应立即报告裁判长,在比赛开始前予以解决。

(3)检查场地及其周围。场地上有无异物,线的颜色有无缺损,场地四周两米以内不能有障碍物,运动员的备用球拍、毛巾及饮料均要放入规定的筐中。总之,整个场地要整洁有序,有利于运动员的比赛和不影响观众的观看。裁判员为扩大自己的视野,有利于控制全场,其座椅离场地边线远一些较好;但如果裁判员的一边没设边线司线裁判员,而要自己负责看球在边线的落点时,则座位就不宜太远。

(4)检查司线裁判员的座位。司线裁判员的座位要对准各自所负责的边线,特别是单打项目和双打项目交替进行时,可以在检查位置的同时与司线裁判员作适当的交流。

(5)检查运动员服装上的广告是否符合本次比赛的规定,以及双打比赛时两名同伴的服装颜色是否一致,发现问题要及时改正。

以上所有的工作应在2~3分钟的时间里完成,不要拖得太长。这段时间也正好是场上运动员做赛前练习和热身的时间,在完成这些工作后裁判员就可以上裁判椅准备开始比赛。

(6)宣布比赛开始。

3. 比赛时裁判员的宣报方法

羽毛球裁判员的宣报是执行裁判工作的重要一环,运用竞赛规则的标准术语进行宣报,能清楚地表达比赛的情况和裁判员的判决。掌握正确的宣报方法是比赛得以顺利进行的重要保证,裁判员的宣报应声音响亮、果断并带有权威性。因为羽毛球裁判员的宣报即是裁判员对每一个球胜负的判决,音量大小的控制变化与比赛场的环境要能协调配合,宣报速度需要有节奏的变化,特别是在关键时刻,裁判员发现运动员球拍过网击球、球拍碰网、连击、球碰地后被运动员还击、球触及运动员的身体或衣服等情况时,更是需要果断、迅速地宣报"违例"。

正式宣布比赛开始前,裁判员应报"停止练习",此时让双方运动员做好正式比赛的最后准备。每次比赛由裁判长决定比赛开始时的介绍和宣报的方式(采用完整形式或简单形式)。一般来说,都是采用简单宣报形式,只有在半决赛或决赛时会采用完整宣报形式。裁判员在宣报时,应该抬起头,声音清晰响亮,使运动员和观众都能听清楚。在介绍运动员姓名时,要以右手或左手指向相应的一方,不要出现当裁判员的手指向一方时,该场区的运动员还在场外的情况。一定要在双方运动员都站好位置、做好发球和接发球的准备后,再报"比赛开始,零比零"(Love all, play)。

(1)比赛中的宣报。

①比分和换发球。任何时候都应将发球方的分数报在前面;在换发球时,要先报"换发球",接着报比分,而且要将新的发球方的分数报在前面。

②界外。球落在有司线裁判员分管的边线界外时,由该司线裁判员负责报"界外";球落在没有司线裁判员分管的边线界外时,裁判员应先报"界外",然后接着报比分或换发球和比分。注意,此时是要将新的发球方的分数报在前面。

③违例。无论比赛中出现何种违例,裁判员都应立即报"违例",然后报比分或换发球,在运动员询问或必要时作出解释,是哪种违例。

④重发球。在比赛场上出现需要判重发球的情况时,裁判员应报"重发球",接着将比分再报一次,一是强调比分不变,二是表示比赛继续,发球员可以发球了。

⑤比赛暂停。有意外事故发生或有运动员不能控制的情况发生时,裁判员可宣报"比赛暂停"。在恢复比赛时,裁判员宣报"继续比赛",同时报当时的比分。

⑥局点。当一方运动员再得一分即胜该局比赛时,裁判员在报比分前要加报"局点"。

⑦场点。在一方运动员再得一分即胜整场比赛时,裁判员在报比分前要加报"场点",方法与报"局点"相同,只是将"局点"改为"场点"。以三局两胜制为例,第一局的胜方在第二局到了局点时,应报"场点",第一局的负方在第二局只有"局点"没有"场点"。而在决胜局时,

双方都只有"场点"没有"局点"。

⑧90秒间歇。在第一局比赛结束时,裁判员应宣报"第一局比赛结束XXX胜,XX比XX,交换场地"。当时间过了70秒时,裁判员要宣报"x号场地还有20秒",此时运动员必须立即进场准备开始进行第二局的比赛。

⑨5分钟间歇。在比赛局数成1:1时,裁判员宣报"X号场地5分钟间歇",当时间过了3分钟时,裁判员宣报"x号场地还有2分钟",当时间过了4分钟时,裁判员宣报"x号场地还有1分钟"。此时,运动员应立即准备开始第三局的比赛。在宣报时间时,裁判员可以根据场上的情况,如果有运动员不在场地边,就应该重复宣报以示提醒,反之则不必重复宣报。

⑩警告。当运动员违犯规则,裁判员在执行此规则时,应举起右手,召唤该运动员走到裁判员前,裁判员报"警告xxx(该运动员的姓名)行为不端",再犯时报"违例xxx(运动员姓名)行为不端"。

⑪一局比赛结束。在一局比赛最后一个球成死球后,裁判员应报"第一局(或第二局、第三局)比赛结束XX胜,XX比XX(比分)"。

⑫一场比赛结束。在一场比赛结束时,裁判员应报胜方姓名(团体赛时报队名)和所有局数的比分(两局或三局)。

(2)英语宣报方法

裁判员在使用英文宣报与中文宣报时的不同之处在于:

①比赛开始。报"Love al, play",相当于中文报"比赛开始,0比0",这里的"Love"意思为零。比分的宣报:当每局比赛开始后,发球方得分,中文报"1比0",英文报"One-Love",中文的宣报是在两个分数间有个"比"字,而英文只需报双方的分数,但是在两个分数间要有一个明显的停顿,使双方运动员和观众都能清晰地听清比赛双方各自的得分数,在报后一个分数时一般都采用降调。

②换发球。中、英文的报法次序相同。在发球方失去发球权后裁判员先报"换发球"接着报双方的得分数,也是将发球方的分数报在前面,如"ServiceOver, Love-One"。

③局点。中文在宣报局点时是先宣报"局点",然后是双方的比分。

④一局比赛的结束。当一局比赛最后一个球成"死球"后,裁判员应立即报"Game",接着报"Game Won By xxx(胜方姓名)Twenty-one-ten"。

三、司线裁判员

1. 司线裁判员的职责

司线裁判员专门负责察看球在他所负责的边线附近的落点,并以规定的术语"界外"、

"界内"，以及"视线被挡"三个手势进行宣判。

2. 司线裁判员的人数和位置

每场比赛的司线裁判员数目可以不同，一般为3~10名，常用的有三人制、四人制、六人制和十人制（国际羽毛球大奖系列赛的司线裁判员至少4名）。司线裁判员应坐在对准他所负责的边线的延长线的矮椅上，最好能距场地周围界线2.5~3.5米（双打比赛时负责端线的司线裁判员，应坐在边线外的端线与双打后发球线之间）。一名司线裁判员只能负责一条线（只有双打比赛时，负责端线的司线裁判员在发球时要负责双打后发球线）。凡没有安排司线裁判员的界线，都由裁判员负责。不同人数的司线裁判员在场地中位置及分工如下所述：

（1）有3名司线裁判员时，2名分别负责两条端线，最好面对裁判员，剩余1名负责裁判员对面的一条边线，如图8-1所示。

（2）有4名司线裁判员时，2名分别负责两条端线，另2名分别负责两条边线（包括网两边的整条边线）。也有另外一种方法，即负责边线的2名司线裁判员，是同时负责裁判员对面的一条边线，两人各自只看本方场区到网的一段边线，而裁判员一边的边线就由裁判员自己负责了。目前采用前一种方法的居多，如图8-2所示。

（3）有6名司线裁判员时，2名分别负责两条端线，另外4名各负责本方场区内的半条边线，如图8-3所示。

（4）有8名司线裁判员时，在6名司线裁判员的安排基础上，另2名分别负责两条前发球线，如图8-4所示。

（5）有10名司线裁判员时，在8名司线裁判员安排的基础上，另2名分别负责两条中线，如图8-5所示。

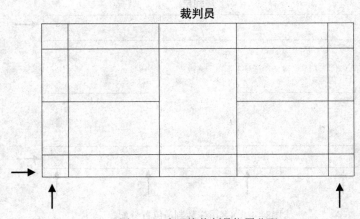

图8-1　3名司线裁判员位置分配

图8-2　4名司线裁判员位置分配

图8-3　6名司线裁判员位置分配

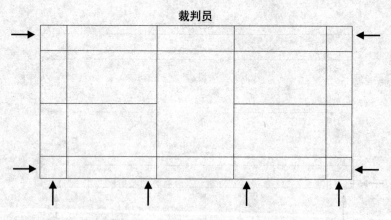

图8-4　8名司线裁判员位置分配

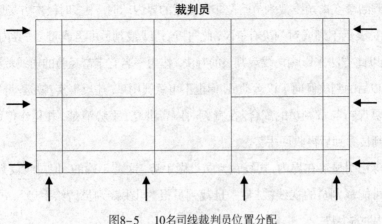

图8-5　10名司线裁判员位置分配

3. 如何判断"界内球"和"界外球"

羽毛球竞赛规则中规定："所有场地线都是它所确定区域的组成部分"，"羽毛球应有16根羽毛固定在球托部"。依据这两条规定，只要球任何部分的最初落地点是在此时该球应落的有效区域（发球区或场区）的线上或线内，即为"界内球"。反之，则为"界外球"。

4. 司线裁判员的工作方法

（1）界内。球落在他所负责的线的界内，只需伸出右手指向他所负责的线，不宣报。

（2）界外。无论球落在他所负责的线的界外多远，都应立即做出两臂向两边平伸的手势，同时高声报"界外"。

（3）视线被挡。司线裁判员的视线被运动员挡住，没能看到球的落点时，应举起双手遮着双眼，以向裁判员表示自己的视线被挡，不能作出判决。

5. 球碰到球拍、衣服、身体后落在界外的判决

球碰到运动员身体、衣服或球拍后出界，应由裁判员宣判，如果裁判员要求司线裁判员给手势时，司线裁判员只就球的落点做出"界内"或"界外"的手势。不要示意此球是否碰到运动员的身体、衣服或球拍。

6. 做好司线裁判员的条件、要素和技能

司线裁判员然的工作虽然相对简单，但对比赛的顺利进行及提高比赛裁判工作来讲非常重要。为此应做好以下方面的内容。

（1）熟悉羽毛球运动，最好有从事羽毛球运动的经历。

（2）身体健康，精力充沛，坐姿端正、自然，注意力集中。

（3）能不受运动员的影响和外界的压力，坚持自己的判断。在球的落点非常接近边线的情况时，司线裁判员的手势更是要快、要坚决果断，犹豫不决或迟缓的手势都会引起运动员和观众的

怀疑。特别是判断落在离司线裁判员座位非常接近的界内球时，很多时候本方场区的运动员会走向司线裁判员表示不满或对判决有争议，此时，该司线裁判员可再次重复"界内"的手势。有些运动员是想以此方法来影响司线裁判员的判决。作为一名有丰富经验的司线裁判员，既不要受此影响而使以后的判决倾向于该运动员，但也不可意气用事，违反事实，该运动员的判决。

（4）随时要保持与裁判员的配合，在宣判时声音洪亮，手势清楚，并稍作停留，眼睛注视裁判员，待裁判员看到后再收回手势。

（5）有时球已明显落在界内，司线裁判员没做手势，这是正确的。但司线裁判员仍应看着裁判员，因有可能裁判员的视线被挡，一旦裁判员报"司线裁判员请给手势"，司线裁判员应立即打出"界内"的手势。

（6）当球落在后场端线与边线的交接处附近时，负责端线和边线的两名司线裁判员没有必要为互相配合而做出相同的手势。如果作出不同的判决，这并不矛盾，因为两人所负责的区域和视角不同。只要两名司线裁判员中有一名判"界外"，这球就是"界外"无疑了，如图8-6所示。

①球的落点①应是在端线"界外"，但边线司线裁判员看却是在边线的延长线内。

②球的落点②无论从边线裁判员和端线裁判员看都是"界内"球。

③球的落点③应是边线"界外"，但从端线裁判员看却是在端线的延长线以内。

④球的落点④无论从边线裁判员和端线裁判员看都是"界外"球。

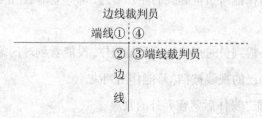

图8-6　不同位置的司线裁判员及其视线范围

（7）司线裁判员一定要集中注意力，专注于自己场地的比赛，千万不能看其他场地的比赛，疏忽所造成的后果是一瞬间的事。若出现错误将会给自己心理造成压力，处理不当，容易接连犯错误。

（8）在一场长时间的比赛中，当局数为1:1时，司线裁判员应该站起来，原地舒展一下身体，使精神得到放松，在第三局比赛开始时也可轮转座位，改变视角的景观，减轻疲劳。

四、记分员

记分员的职责是及时正确地显示裁判员的宣报。正式的比赛应配备比分显示器，由临场

记分员操作,记分员的工作内容、程序和要点如下所述:

(1)比赛开始前,将小分和局分都还原到零。

(2)根据裁判员挑边的结果,正确安放比赛双方运动员的名牌,指示出比赛开始时双方所站的场区。如果记分器有发球方显示,还应显示出比赛开始时的首先发球方。

(3)比赛开始后,根据裁判员的宣判,显示出比分和发球权(如果有此功能的话),一定要注意不能根据自己的判断,先于裁判员宣报、操作显示比分或换发球。

(4)在一局比赛结束时,要显示局分,小分还原到零。

(5)第三局比赛交换场区时,也应及时改变运动员名牌指示方向。

(6)整场比赛结束时,先显示出最后的比分和完整的局分;在取下运动员名牌后,将记分器显示还原到零后再离开场地。

第四节　羽毛球运动"三对三"竞赛方法和特点

一、羽毛球运动"三对三"竞赛规则及方法

所谓三对三,就是三个人对抗三个人。因此,在发球、站位及一些打法等方面有特别的规定和要求。发球、接发球的站位等基本原则仍要遵循羽毛球的双打规则,如得分为偶数时发球一方站在右半区发球,得分为奇数时发球一方站在左半区发球。

(一)发球、接发球原则

(1)比赛前每队确定第一至三号发球队员和接发球队员,分别为A队(A_1、A_2、A_3)、B队(B_1、B_2、B_3)。

(2)确定发球队员和接发球队员的次序。如果是比赛,要在赛前将次序单交给裁判,如果是游戏运动,则双方在开球前需沟通好。

(3)打"三对三"比赛,按照A_1—B_1、A_2—B_2、A_3—B_3的顺序依次进行发球和接发球,此顺序固定不变。

(4)发球时有效区域以双打比赛规则为准,接发球方只允许一名选手位于接发球区域内。发球结束后,选手站位不限,发球员的同伴(包括自由选手)的站位不限,但不能阻挡接发球员的视线。

(5)对于发球时间,从上一回合结束,到发球员将球发出的时间不得超过10秒钟。

(二)站位原则

打"三对三"前,首先要明确三人的分工和站位。通常情况下,网前技术好或实力较弱的球员站在网前,进攻能力强的球员站在后排。当比赛开始后,三个人的位置可以轮换,但一定

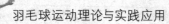

要注意保持合理的阵形。

（三）胜负判定方式

（1）比赛采用计时方式，即在规定时间内分数高的一方获胜。

①比赛时间共20分钟，上、下半场各10分钟（中间有2分钟的休息时间），时间应由计时器显示。

②在规定比赛时间结束时，如果比赛仍在进行中，则打完这一回合后结束比赛；如果此时双方比分相同，须加赛一球决胜。

③比赛赛事组织方可根据报名参赛队伍数量调整比赛时间。

（2）按计分方式进行，胜负规则与双打比赛规则一致。

（四）场地的有效活动区域

（1）以国际羽联规则规定的双打比赛区域为准。在一场比赛中，运动员未经裁判允许，不得离开场地。

（2）在2分钟间歇休息时，运动员在裁判员允许的情况下，可以短时间离开场地，但不得延误比赛。

（五）比赛弃权

（1）比赛进行中凡因伤病或其他原因不能继续比赛者，按本场比赛弃权处理。

（2）按照比赛规定时间，迟到5分钟以上的运动员，按本场比赛弃权处理。

（六）比赛因伤暂停、技术暂停的规定

（1）在全场20分钟比赛中，一方运动员因伤病处理暂停比赛不得超过一次，处理时间不超过5分钟。因伤暂停时，受伤一方教练员和赛会医生可以进入场地。伤停时间内，比赛计时停止；伤停结束，运动员回到场内，计时重新开始。

（2）在上半场比赛中，一方运动员的得分为15分时，双方进入技术暂停，暂停时间为30秒。

（3）在下半场比赛中，双方运动员各有一次暂停机会，暂停时间为30秒。此次暂停须由运动员提出，并经过裁判员允许，方可进行。

（4）如果采用计分方式，暂停方式参照双打比赛规则。

二、羽毛球运动"三对三"战术特点介绍

羽毛球运动"三对三"的基本原则仍需遵循羽毛球的双打规则，但由于场上增加了一个人，因此在发球、站位、打法等方面有特别的规定和要求。"三对三"最大的特点是由于双方不会轻易起高球，平、抽、挡会比较多，球的运转速度大大加快了，这对提高业余球员的技术会有很大帮助。

（一）接发球的站位技术

羽毛球"三对三"的接发球站位要注意保持三角阵形。虽然在发球时，不参与发球、接发球的队员可以站在任何区域，但也要注意自己的站位不能影响发球和接发球的队友。一般来说，接发球一方的另外两名队员应在场地的另一侧后方站位，而把接发球区全部让给接发球的队友，并注意在队友接发后立刻补位。以在右侧接发球为例，如果对方发前场球，站在左侧后边的队员要迅速移动到右侧后边场地补位，同时左侧前面队员相应后撤一些；如果对方发后场球，站在左侧前边的队员要迅速向右移动，同时左侧后边的队员要相应的前移。三个队员的站位总体要保持三角阵形。

（二）比赛中的站位技术

羽毛球运动"三对三"比赛过程中要注意"前后分工，中间补充"原则。

首先要明确三人的分工和站位。通常情况下，网前技术好或实力较弱的那个人站在网前，在前场做出左右移动。进攻能力强的人站在后排，同样可以根据形势在后场做出左右移动。

中间队员则根据场上的形势及时补位。比赛时，三个人的位置可以轮换，但一定要注意保持合理的三角阵形。

（1）进攻阵形。当一方处于进攻状态下，后场只保留一个人不断地进攻，而前场则有两名选手进行封网。

（2）防守阵形。防守时后场保持两个人，前场保持一个人，两个防守队员守住对方的进攻线路，前场的队员则警惕对方的网前球。当对方进攻时，前场球员则低下头，把球让过去，两名后场防守的队员需要尽量地把对方的来球接挡回对方后场，不要轻易挡网。

（三）比赛中的注意事项

（1）相对双打来说，发球时偷后场的频率可能会比较多，因为"三对三"比赛中发球的队员不需要发完球往后退。

（2）注意避免碰撞。尤其对于普通大学生而言，因为技术水平有限，在场地内增加一个人，相互之间的碰撞几率增加。因此，三个人在打球的过程中一定要在及时补位的同时注意避让，相互间保持一定的空间，避免球拍打到自己队友的身上，另外，处于网前的队员要眼睛朝前看，不要回头张望，否则很容易被本方的后场击球打到眼睛。

第六节　挑战鹰眼

"鹰眼"最早是在2006年网球比赛中使用，挑战鹰眼是为了帮助球员得到更加公正判罚所给矛的一项权利。"鹰眼"的全称为"即时回放系统"，这套系统由10台摄像机组成，摄像机

追踪飞行的网球并将信息反馈到与之相连的计算机,后者则据此计算出模拟的运动轨迹。当有球员申请回放时,电视和场内的大屏幕上将同时显示由计算机模拟出来的轨迹。"鹰眼"从数据采集到结果演示的总耗时不超过10秒,出现误差几率在1%以下。

2011年,羽毛球大满贯得主林丹就曾表示,希望世界羽联推进"鹰眼"技术的步伐更快一些。同时,李宗伟、盖得、蔡赟等多位世界名将也都表示对于"鹰眼"技术的期待,这也正是世界羽联于2013年试用"鹰眼"技术的直接原因。在2014年,这项最初运用于网球比赛的技术首次全面使用于羽毛球赛场。

一、即时回放系统

(1)有即时回放系统的场地,运动员可以对司线裁判员和裁判员,以及裁判员纠正司线裁判员的宣判进行挑战。

(2)若司线裁判员未能看清而裁判员也不能做出准确裁决时,裁判员也可以要求使用即时回放系统。

二、运动员挑战

(1)挑战必须在球的落点被宣判后立即提出。

(2)一旦接到运动员的挑战,裁判员应立即向裁判长示意,裁判长则应立即启动即时回放系统对该球落点进行裁决。

(3)如果司线裁判员或裁判员的宣判被判定是错误的,则运动员挑战成功,司线裁判员或裁判员的裁决将被推翻。

三、失去挑战权

(1)一名(对)运动员在一场比赛中有两次挑战权。

(2)如果对球落点的宣判,在使用即时回放系统后被判定是正确的,则该名(对)运动员挑战失败,失去一次挑战权。

(3)如果该名(对)运动员挑战失败两次,则其失去在该场比赛的所有挑战权。

(4)如果该名(对)运动员挑战成功,则保留其挑战权。

(5)当裁判员要求使用即时回放系统时,双方运动员均不失去挑战权。

参考文献

[1]张博.羽毛球［M］.沈阳:沈阳体育学院,2003.

[2]肖杰.羽毛球运动理论与实践［M］.北京:人民体育出版社,2005.

[3]朱年丰,孙晓健.球类运动科学健身的理论与方法［M］.北京:中国时代经济出版社,2013.

[4]胡庆华,李建平.高校球类运动体能训练的理论与实践［M］.长春:吉林大学出版社,2011.

[5]中国羽毛球协会.羽毛球竞赛规则［M］.北京:北京体育大学出版社,2015.

[6]林建成.羽毛球技、战术训练与应用［M］.北京:北京人民出版社,2009.

[7]贝恩德-沃克尔·勃拉姆斯. 羽毛球全攻略: 技术、战术与训练［M］.谢俊,译.北京:人民邮电出版社,2016.

[8][日]田二贤一,张世响.超级羽毛球技术［M］.人民体育出版社,2014.

[9]王强.羽毛球爱好者膝关节损伤病因与治疗方法研究[J].科学大众,2015.165(8).

[10]王强.羽毛球运动影响下校园体育文化发展研究[J].内蒙古民族大学学报(自然科学版)2015.(6).

[11]王强.生态文明视域下体育产业低碳化研究进展[J].教育前沿,2016.(3).

[12]王强.核心力量训练在羽毛球训练中的重要作用[J].才智,2016.(4).

[13]王强.通辽市科尔沁区群众羽毛球运动开展现状调查与分析[J].内蒙古民族大学学报(自然科学版),2016.(12).

[14]刘同众.羽毛球技巧图解［M］.合肥:安徽科学技术出版社,2010.01.

[15]余长青 ,石鸿冰.羽毛球运动所引起常见的运动损伤及预防方法[J].北京体育大学,2007.(11).

[16]潜沉香,张丹生.羽毛球运动的教学理论与训练方法研究［M］.北京:光明日报出版,2014.11.